O universo autista

Navegando pelo mundo das "pessoas normais"

CLARA TÖRNVALL

O universo autista

Navegando pelo mundo das "pessoas normais"

ILUSTRAÇÕES DE MIOLO
Anneli Furmark

TRADUÇÃO
KÍCILA FERREGUETTI

LATITUDE°

Título original: *Vanliga människor: autistens guide till galaxen*

Latitude é o selo de aperfeiçoamento pessoal da VR Editora

GERENTE EDITORIAL Tamires von Atzingen
EDITORA Silvia Tocci Masini
EDITORA-ASSISTENTE Michelle Oshiro
REVISÃO Lígia Alves, Érika Tamashiro e Paula Queiroz
DESIGN DE CAPA Malu Francini
PROJETO GRÁFICO DE MIOLO E DIAGRAMAÇÃO Malu Francini
PRODUÇÃO GRÁFICA Alexandre Magno

Dados Internacionais de Catalogação na Publicação (CIP)
(Câmara Brasileira do Livro, SP, Brasil)

Törnvall, Clara
O universo autista: navegando pelo mundo das "pessoas normais" /
Clara Törnvall; [tradução Kícila Ferreguetti]. – São Paulo: Latitude, 2025.
Título original: Vanliga människor : autistens guide till galaxen

ISBN 978-65-89275-78-7

1. Autismo 2. Autismo - Diagnóstico 3. Neurodiversidade
4. TEA (Transtorno do Espectro do Autismo) I. Título.
25-276479 CDD-616.85882

Índices para catálogo sistemático:
1. TEA: Transtorno do Espectro Autista: Neurodiversidade 616.85882
Cibele Maria Dias – Bibliotecária – CRB-8/9427

VR Editora S.A.
Av. Paulista, 1337 – Conj. 11 | Bela Vista
CEP 01311-200 | São Paulo | SP
vreditoras.com.br | editoras@vreditoras.com.br

SUMÁRIO

NOTA DA AUTORA

Eu sou autista. Autismo significa pensar, falar e se movimentar de um jeito diferente pelo mundo. Não funciono do mesmo jeito que outras tantas pessoas funcionam. E todos os dias preciso me esforçar muito para interpretar pessoas que não são autistas. É um trabalho constante desde a hora em que acordo, todos os dias da minha vida.

A maioria das pessoas não é autista. Elas são chamadas de "neurotípicas".

É difícil saber exatamente quantos neurotípicos existem, uma vez que nem todo neurodivergente procura um diagnóstico. O que sabemos de fato é que a maioria da população não tem seu neurodesenvolvimento avaliado.

Este livro é indicado para leitores que já tiveram alguma experiência com o autismo e que querem aprender a entender melhor as pessoas "normais". O mundo delas é estranho e confuso, embora raramente pensem sobre si mesmas dessa forma.

Neste livro você vai conhecer autistas que compartilham experiências que tiveram com neurotípicos. Também vou incluir minhas próprias dicas, que podem ajudar jovens leitores autistas. São conselhos que me foram muito úteis na fase adulta e que eu gostaria de ter ouvido antes. Tenho plena consciência de que todos os autistas são diferentes e de que o que funciona para mim pode nem sempre funcionar para você. Aproveite o que fizer sentido para você e esqueça o resto.

Existem muitos livros sobre autismo escritos por neurotípicos que querem ajudar os autistas a se enquadrar — quer dizer, a se comportarem de um jeito menos autista. Este livro não é desse tipo. Este é um guia para autistas, escrito por uma autista.

Agora vamos inverter os papéis.

O QUE SIGNIFICA SER NEUROTÍPICO

Ser neurotípico significa que seu cérebro se desenvolveu de um modo específico. Significa interpretar o mundo de acordo com certos princípios, bem como pensar, falar e se mover de um jeito diferente dos autistas.

Considerando que os neurotípicos — ou NTs, como o termo costuma ser abreviado — são a maioria, a sua maneira de funcionar é considerada a norma. Eles são típicos. Pessoas "normais".

O termo “neurotípico” não é pejorativo nem ofensivo. É neutro e costuma ser usado pelos neurodivergentes para descrever o mundo ao seu redor. Não é muito usado por neurotípicos, já que eles raramente precisam se descrever. Neste livro, significa simplesmente uma pessoa que não é autista. (Para ser mais precisa, “alístico” é o termo correto para os indivíduos que não estão no espectro autista, enquanto “neurotípico” significa não ter nenhum distúrbio de neurodesenvolvimento ou psiquiátrico. Porém, como a palavra “alístico” ainda não é muito difundida, vou usar o termo mais comum, “neurotípico”, ao longo deste livro.)

Ser normal não é algo que pode-se controlar. As causas são biológicas e não dependem da criação. Se você não tem neurodivergências, como autismo ou TDAH/TDA, isso não tem a ver com traumas de infância ou com o jeito como você foi criado. As vacinas não têm o poder de tornar uma pessoa neurotípica. É uma condição congênita.

É importante entender que ser neurotípico não é um transtorno mental; é um modo de funcionar. Não tem como resolver treinando, e também não tem como trabalhar isso na terapia. E não existe remédio que seja capaz de curar.

Os neurotípicos geralmente têm dificuldade para conversar sobre diferenças sem fazer juízo de valor. Muitos deles acreditam que ser neurotípico é melhor. Outros pensam que os autistas que falam sobre si mesmos estão tentando se exibir ou se mostrar superiores.

Não é bem assim, é claro. Ser autista não é nem melhor nem pior. É tão neutro quanto ser neurotípico. Só é diferente.

COMO IDENTIFICAR UM NEUROTÍPICO

É possível saber se uma pessoa é neurotípica só de olhar para ela? Não, não existe uma aparência neurotípica específica. As pessoas neurotípicas se parecem com qualquer pessoa. Mas existem sinais aos quais você pode ficar atento.

Se você vir uma pessoa vestindo a mais nova tendência da moda de uma grande marca de roupas; usando sapatos novos que parecem muito desconfortáveis, como salto alto; com expressões faciais alegres; que com frequência troca olhares com os outros e parece se sentir em casa em meio à multidão, sem protetores de ouvido ou óculos de sol, então existe uma boa chance de você ter encontrado um neurotípico.

UMA SOCIEDADE FEITA PARA OS CÉREBROS DA MAIORIA

A nossa sociedade coloca muita pressão para que todos funcionem do mesmo jeito. É esperado que as crianças sejam suficientemente insensíveis aos estímulos sensoriais e anestesiadas a ponto de lidar com um ambiente escolar barulhento, que inclui salas de aula lotadas, mudanças de horário, professores novos, turmas sendo divididas e circunstâncias que estão sempre mudando.

Simplesmente prestar atenção no professor e estudar para as provas memorizando todos os detalhes não são atitudes suficientes. Não, como estudante, é esperado que você seja responsável por encontrar as respostas certas, fazer apresentações orais interessantes, conduzir a própria reunião de pais e professores e analisar suas respostas de acordo com um alto nível de abstração.

No Ocidente, você é incentivado a se tornar independente cedo, se mudar, morar sozinho e não depender de ninguém, nem mesmo da sua família. Para atingir esse nível de independência, você precisa de um trabalho muito bem remunerado para conseguir pagar o aluguel.

Na sua vida profissional, você precisa ser bem resiliente para lidar com incertezas e empregos temporários. Deve ser capaz de aceitar trabalhos de última hora, ser sempre flexível, negociar seu salário com argumentos sofisticados, ser socialmente competente, participar dos papos no cantinho do café e mandar bem trabalhando em equipe.

Além disso, é esperado que você tenha não só amigos como também vários hobbies. E uma vida amorosa bem-sucedida. Você deve ser capaz de tirar sua carteira de habilitação, de escolher uma operadora de celular e de pagar seus boletos em dia. Deve aprender a passar por portas giratórias, a planejar viagens e a pagar suas compras no caixa de autoatendimento.

Cada pessoa, em tese, deve ser dona do seu pequeno universo multicompetente e administrar sozinha todos os aspectos da vida. Deve ser boa em tudo e saber tudo.

Isso é desafiador para qualquer pessoa, mas para um autista é pra lá de impossível. Isso porque eles funcionam de maneira diferente dos neurotípicos. Ser autista em uma sociedade feita para neurotípicos é como ser um quadrado tentando caber em um buraco redondo.

Todo mundo tem pontos fortes e pontos fracos. Mas os autistas têm pontos fortes e fracos diferentes dos neurotípicos. Geralmente nós consideramos fácil aquilo em que os neurotípicos têm dificuldade e achamos difícil fazer coisas que são fáceis para eles.

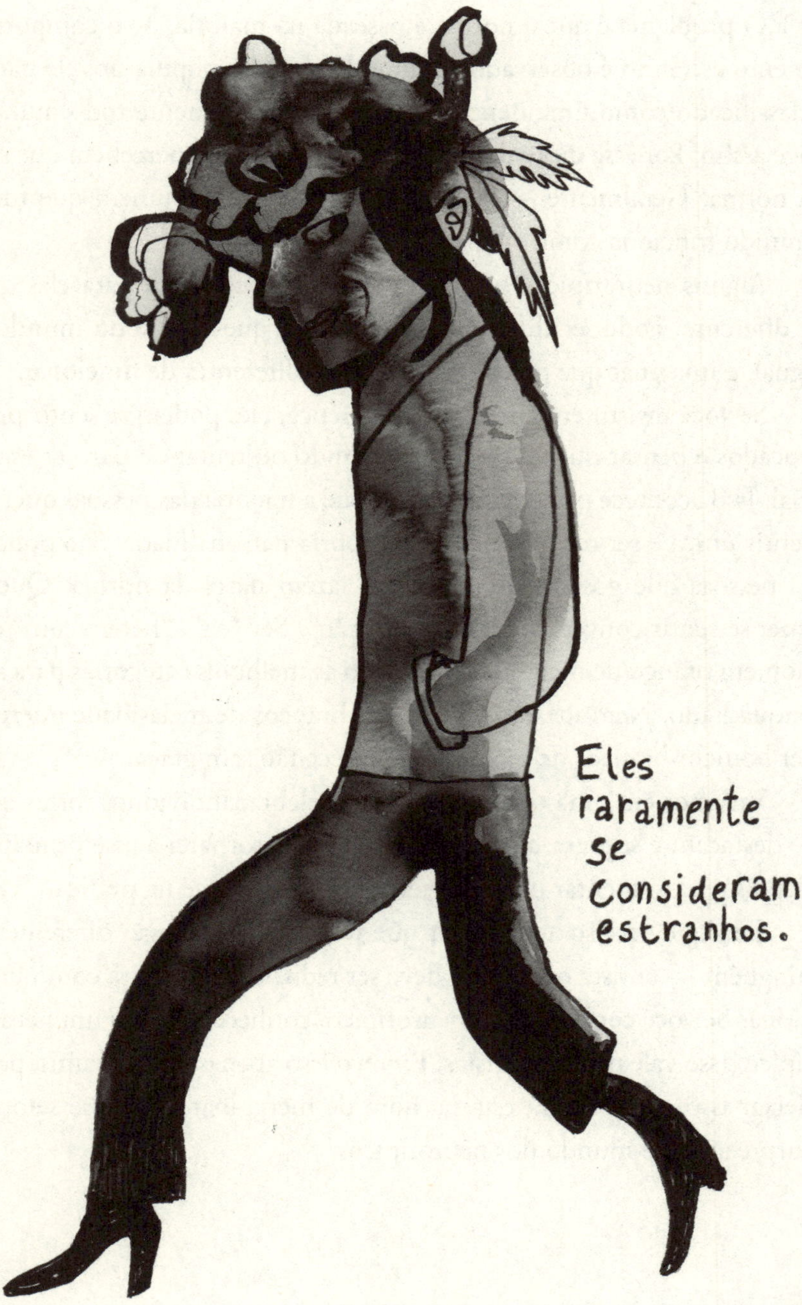
Eles
raramente
se
consideram
estranhos.

O problema é que a norma é baseada na maioria. Se o comportamento estranho é observado em grande parte da população, ele não é classificado como uma deficiência porque praticamente todo mundo age assim. Por esse motivo, muitos neurotípicos não percebem que são a norma. Geralmente — quase sempre — eles presumem que todo mundo funciona como eles.

Alguns neurotípicos se irritam quando você conta para eles que é diferente. Pode ser difícil para eles aceitar que nem todo mundo é igual, e imaginar que possam existir jeitos diferentes de funcionar.

Se você insistir em afirmar sua diferença, eles podem se sentir provocados e pensar que você está se exibindo ou tentando parecer especial. Isso acontece provavelmente porque a maioria das pessoas quer se sentir única e ser reconhecida pela própria personalidade. São poucas as pessoas que gostam de ouvir que fazem parte da norma. Quem quer se sentir convencional e ser "padrão"? Ser "cis", "hétero" ou "um homem branco de meia-idade" não são as melhores categorias para ser enquadrado. Nem mesmo os homens brancos de meia-idade querem ser homens brancos de meia-idade. Parece tão sem graça.

Vivemos em uma cultura que alega celebrar indivíduos fortes que se destacam e seguem o próprio caminho. Retornarei a esse princípio depois para comentar que nem sempre isso acontece na prática.

Será que preciso acrescentar que todas as pessoas são diferentes e ninguém — autista ou não — deve ser reduzido à maneira como funciona? Se você conheceu um neurotípico, conheceu apenas um neurotípico. Isso vale para os autistas. Escrevo isso apenas para garantir, para deixar isso claro. Agora está na hora de mergulhar no quase sempre surpreendente mundo dos neurotípicos.

A HISTÓRIA DOS NEUROTÍPICOS

Ao longo de toda a história humana, as pessoas normais sempre existiram. Mas elas nem sempre foram chamadas de neurotípicas. Durante muito tempo, foram conhecidas simplesmente como "pessoas", enquanto os autistas foram chamados de praticamente tudo, desde tolos abençoados, psicopatas, esquizofrênicos, deficientes, doentes mentais, retardados, estranhos, idiotas, excêntricos, solitários a sábios e gênios.

Os neurotípicos sempre tiveram uma opinião sobre pessoas que funcionam de um jeito diferente do deles. Geralmente acreditam que são *eles* que sabem do que um autista precisa, mesmo não tendo nenhuma experiência em ser autista. Essa convicção de que eles são a autoridade em matéria de como ser humano costuma estar tão arraigada que eles não percebem quando estão sendo preconceituosos.

O preconceito é resultado de pouca mentalização. Aqueles que demonstram preconceito quase nunca têm vontade ou capacidade de imaginar que alguém possa sentir, pensar ou vivenciar o mundo de um jeito diferente do deles.

Ao longo da história, a pressão do grupo permitiu que a humanidade construísse comunidades e culturas viáveis. Mas isso também assumiu formas profundamente destrutivas, como o efeito manada (*groupthink*), o bullying, as guerras e o terrorismo.

Os neurotípicos passam o tempo todo preocupados em pertencer a um grupo ou fazer parte de um contexto. Estão constantemente se identificando com quem está ao seu redor e com o que essas pessoas podem pensar. Isso os torna menos resistentes à pressão do grupo do que os autistas. Os neurotípicos gostam de dizer que todas as pessoas são iguais em alguns aspectos fundamentais e, por esse motivo, tendem a enxergar a pressão do grupo como uma força a que ninguém é capaz de resistir.

E, de fato, em inúmeros estudos os cientistas demonstram que é difícil para um indivíduo resistir ao grupo. Um exemplo famoso é o experimento psicológico conduzido nos anos 1950 por Solomon Asch. Em grupos cujos participantes tinham que estimar o comprimento de diferentes linhas, com exceção de um dos sujeitos, todos foram instruídos a dar a resposta errada. Apesar de os outros estarem claramente errados, aquele único sujeito não arriscou acreditar na própria estimativa e ir contra o grupo, e acabou dando uma resposta errada também.

Muitos anos depois, em 2014, um experimento semelhante foi conduzido, desta vez com crianças autistas e neurotípicas. Descobriu-se que as crianças autistas costumavam dar a resposta correta e indicar a linha com o comprimento certo. Elas confiavam em si mesmas e resistiam à pressão do grupo.

No entanto, a conclusão da maioria das pesquisas sobre pressão do grupo é que todas as pessoas são igualmente suscetíveis a esse tipo de pressão. Todo mundo corre o risco de ser afetado, como os neurotípicos gostam de dizer. O problema é que isso não é verdade. Nem todo mundo é afetado, ainda que a maioria seja. Enquanto a maior parte das pessoas se alinha, algumas têm a coragem de não fazê-lo. A história está cheia de indivíduos que resistiram e seguiram o próprio caminho, mesmo quando o preço a ser pago por isso era alto.

Enquanto os neurotípicos fingirem que ninguém consegue afirmar sua independência contra um grupo unido, não vamos aprender o suficiente sobre moral individual nem sobre forças coletivas destrutivas. Olhando dessa perspectiva, a concordância parece ser inevitável. Seria melhor se as pesquisas focassem as exceções (*outliers*). Por que não andam na linha, quando essa é a opção mais fácil? O que lhes dá a coragem de desafiar a maioria?

VOZES AUTISTAS

Choli: “Quando você pede a um neurotípico para explicar o que ele quis dizer, ele simplesmente repete o que falou, só que mais devagar. Sabe, eu escutei da primeira vez, mas isso não quer dizer que eu entendi”.

Fabian: “Se eu falo para eles que as coisas não funcionam daquela maneira para mim, eles respondem simplesmente: ‘Então dê o seu jeito’. Não quero que sintam pena de mim. Só gostaria que demonstrassem um pouco mais de consideração”.

Bea: “Eu tinha uma amiga próxima que estava morando comigo porque era nova na cidade e ainda não tinha encontrado um lugar para morar. Eu estava passando por um momento difícil com meu namorado e pedi a ela que fosse passar o fim de semana fora, para que pudéssemos ter um tempo sozinhos. Só que depois daquele fim de semana ela não voltou mais, e perguntei o que tinha acontecido. ‘Você me colocou pra fora, então eu fui para um hotel’, ela me respondeu. Eu tinha pedido só o fim de semana, e ela achou que eu tivesse pedido outra coisa. Mas eu não queria que ela se mudasse.

Aconteceram vários outros mal-entendidos como esse, nos quais ela ia engolindo a raiva e explodia anos depois. Eu ficava superangustiada. Depois, descobri que ela fazia todo tipo de interpretação das minhas palavras e atitudes, quando eu na verdade não queria dizer ou fazer nada além do que dizia ou fazia. Tudo isso era desgastante, e levei anos para me recuperar da mágoa e superar o medo de fazer amigos novamente".

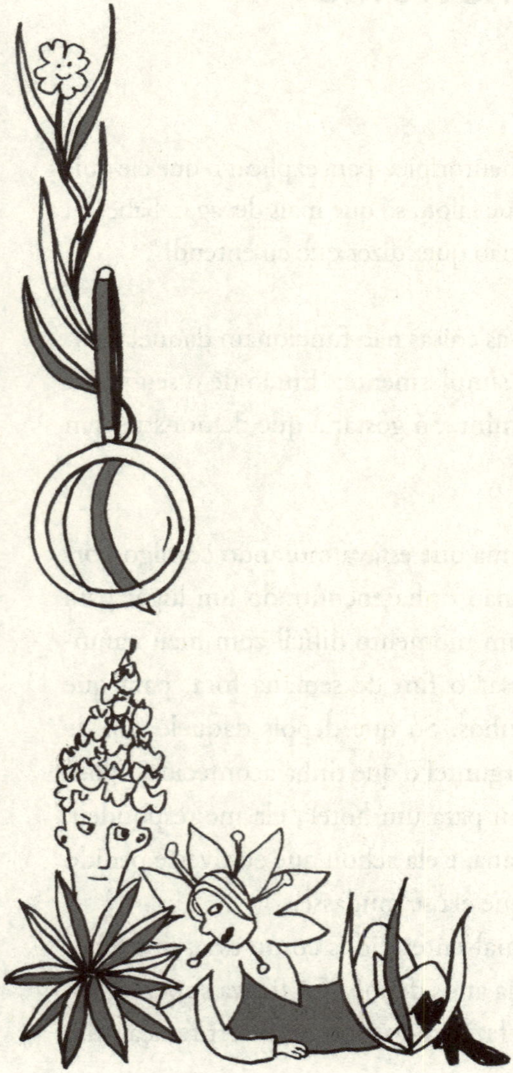

COMO OS NEUROTÍPICOS VIVENCIAM O MUNDO

Para os autistas, os limites entre humanos, animais, natureza e objetos podem se sobrepor e as palavras podem significar praticamente tudo. Os neurotípicos não têm a mesma abordagem fluida. A percepção deles — ou seja, a maneira como processam o que está ao seu redor — funciona diferente. É como se os neurotípicos tivessem uma câmera automática com algumas configurações pré-ajustadas para ajudá-los a interpretar o mundo que os cerca. Quando estão interpretando seu entorno, eles separam o que veem, escutam e sentem em categorias preexistentes. Considerando que suas impressões sensoriais podem ser classificadas segundo rótulos prontos, eles são capazes de formar uma imagem rapidamente.

Quando nós autistas vivenciamos o mundo, não somos tão automatizados. Nossa câmera é manual. Antes de tirarmos uma foto, primeiro precisamos ajustar o foco e a velocidade dos disparos e encontrar a luz certa. Leva tempo e exige bastante preparação. Para nós, cada situação é única. Começamos do zero todas as vezes, notando um detalhe e combinando-o com outros detalhes até que uma imagem surja. Isso consome muito da nossa energia.

Os humanos interpretam o mundo de acordo com padrões e códigos culturais. Em seu livro *A Field Guide to Earthlings: an autistic/*

Asperger view of neurotypical behaviour [Um guia de campo para terráqueos: Uma visão autista/Asperger do comportamento neurotípico, em tradução livre], o escritor norte-americano Ian (agora Star) Ford escreve que nós interpretamos a realidade por meio de uma rede de símbolos ligados uns aos outros por associação. Essas conexões mentais podem surgir entre: palavras que soam parecido, como "gato" e "rato"; conhecimentos adquiridos no mesmo período da vida; palavras com significados semelhantes e símbolos associados com uma coisa que é importante para nós ou que pertence ao mesmo contexto.

Pessoas com redes simbólicas semelhantes pertencem a uma cultura compartilhada. Indivíduos que viveram no mesmo ambiente por um longo tempo passam a fazer associações similares entre os símbolos. Porém, cada indivíduo faz as próprias associações e conecta os significados com aquilo que já sabe, o que explica por que os símbolos podem ser interpretados de maneiras diferentes.

Um bebê recém-nascido não tem filtro contra o mundo real; por isso, os pais tratam de proteger a criança de barulhos altos, luzes fortes e crises emocionais. Com o tempo, a criança se torna gradualmente dessensibilizada e desenvolve um filtro para bloquear os estímulos. Isso se for uma criança neurotípica.

Para um adulto autista, pode parecer que a visão de mundo da criança nunca o deixou. O mundo parece imprevisível, fluido e encantado. Suas associações seguem outros padrões. Quinta-feira, oito da noite e a cor verde são a mesma coisa, embora você tenha dificuldade de explicar o porquê. Elas simplesmente são. A chaminé de uma fábrica e o cordão umbilical também estão ligados. Assim como um cristal preto e a tela escura de uma TV.

Quando a criança neurotípica do exemplo que eu dei cresce, seus olhos e ouvidos continuam a enxergar e a ouvir com a mesma acurácia, mas o cérebro processa os estímulos de um jeito diferente. As impressões não chegam mais com força total, sem serem filtradas. Em vez disso, o cérebro separa e encaminha os sinais que chegam; ele converte os estímulos em representações simbólicas da realidade. O mundo real é transformado em palavras e fica menos complexo. No cérebro, uma quantidade enorme de vidro, concreto, vigas de aço e centenas de diferentes partes se tornam apenas uma "casa".

Em outras palavras, a linguagem é uma simplificação e uma redução de informações. O cérebro neurotípico é bom em filtrar. Sua rede de símbolos forma modelos ou moldes da realidade. Esses moldes são usados como filtros para identificar objetos e fenômenos e, rapidamente, fazer as conexões certas. Para que isso funcione, os moldes precisam ser de um tipo de essência cultural minimamente simbólica — o detalhe sem o qual aquilo não existe.

Em outras palavras: uma lebre precisa das suas orelhas longas para não ser um coelho, uma alpaca precisa do seu pelo fofo para não ser uma lhama, um sapo precisa da sua pele rugosa para não ser uma rã.

Ou veja o exemplo do leão-marinho: sem as orelhas e as poderosas nadadeiras na parte da frente, ele poderia ser facilmente confundido como uma foca. Porém, se essas duas características únicas estiverem presentes, é tão fácil identificar um leão-marinho em um desenho feito rapidamente quanto em uma fotografia detalhada do animal. Desde que os poucos traços a lápis sejam suficientemente significativos, um molde de leão-marinho surge.

Quando o cérebro neurotípico rapidamente classifica as informações em categorias, ele só processa as informações que se enquadram no molde. Ele registra "orelhas + nadadeiras anteriores alongadas" e logo conclui: é um leão-marinho. O restante, os detalhes irrelevantes, são descartados.

O cérebro autista não funciona assim. Ele processa todos os detalhes e não filtra aqueles que não são importantes.

Quando nós humanos nos comunicamos, usamos palavras, gestos, símbolos, expressões faciais, sons e linguagem corporal. A comunicação acontece em vários níveis simultaneamente. Também nos comunicamos por meio de coisas como roupas, eventos, esportes, expressão cultural e arquitetura, bem como por meio de nossa religião e visão.

FOCA
LEÃO-MARINHO

Quando os neurotípicos percebem o mundo, conseguem registrar vários estímulos — todos ao mesmo tempo. Digamos que eles estejam participando de uma conversa. Enquanto escutam as palavras sendo ditas, eles processam o significado delas. Tudo ao mesmo tempo, eles percebem a intenção e as mensagens implícitas nas palavras, leem as expressões faciais de seus parceiros e notam outras coisas que estão acontecendo no ambiente.

Parece ser uma capacidade multitarefa impressionante. No entanto, o motivo pelo qual eles conseguem fazer tantas coisas ao mesmo tempo é que, como vimos, seus cérebros filtram detalhes considerados irrelevantes naquele momento. Os neurotípicos processam símbolos e categorias, e não todos os detalhes que constituem o todo.

Esse superpoder multitarefa depende de o contexto ser razoavelmente familiar. Se estiverem em uma cultura estrangeira, no entanto, o processo de decodificação não é tão simples. Isso requer mais esforço.

Sempre ouvimos dizer que as pessoas se comunicam principalmente por meio de sinais não verbais — ou seja, gestos, tom de voz e diferentes modos de demonstrar como se sentem usando seus corpos. Os neurotípicos fazem isso mais vezes e de maneiras diferentes das dos autistas. A comunicação não verbal deles é social. Eles geralmente usam expressões faciais e linguagem corporal para deixar claro qual é o seu lugar dentro de um grupo. Em uma conversa, misturam mensagens verbais e não verbais sem nenhum esforço e confiam que serão compreendidos.

Os autistas tendem a se concentrar mais nas palavras — naquilo que é dito e escrito. Isso não significa que nunca identificamos pistas silenciosas ou a linguagem corporal. Podemos estar em um ambiente onde o ar está repleto de subentendidos e notar que mensagens subliminares estão circulando sem entender o que elas significam. Ficamos confusos quando o que sentimos não corresponde às palavras que estão sendo ditas.

Digamos que eu conheça alguém que me pergunte como estou. A pergunta indica interesse em mim e no meu bem-estar. No entanto, ao mesmo tempo, eu sinto no meu corpo que a outra pessoa na verdade não está interessada em saber como eu estou, ou está estressada demais e não tem tempo ou presença de espírito para ouvir e processar minha resposta. O descompasso entre as palavras e os sinais silenciosos tornam essa situação frustrante.

Quando os neurotípicos se comunicam verbalmente, eles costumam presumir que as palavras significam algo além do que elas significam de fato. Para eles o significado literal — aquele presente no dicionário — é meramente uma parte de todo o significado expandido daquela palavra.

Por isso, lidar com neurotípicos é desafiador. Eles envolvem as palavras em uma nuvem de segredos e significados adicionais. Decifrar essa nuvem requer muita energia, e nem sempre eles estão dispostos a explicar na hora o que quiseram dizer.

Às vezes uma pergunta direta os assusta e eles se ofendem. Isso acontece porque eles presumem que você funciona da mesma forma que eles, e que já entendeu a mensagem subentendida. E quando você, ainda assim, pergunta "por quê?", eles ficam desconfiados. Você deve estar querendo dizer outra coisa, porque com certeza essa pergunta não pode ser sincera. O que você quer dizer com isso? Quer pegá-los no pulo? Ou obter alguma vantagem? Então, eles ficam obcecados.

COISAS QUE OS NEUROTÍPICOS DIZEM E COMO VOCÊ PODE RESPONDER

“Todo mundo é neurodivergente hoje em dia.” Não. A maioria das pessoas não tem diagnóstico de neurodesenvolvimento.

“Não seria todo mundo um pouco autista?” Não. Dizer isso é o mesmo que falar que todo mundo é um pouco alérgico só porque espirrou uma ou duas vezes. Ou que manteiga é um pouco bolo por ser um ingrediente comum *no* bolo. Pessoas que dizem isso geralmente acreditam que autismo significa simplesmente ser introvertido e nem sempre saber lidar com a vida cotidiana. Mas o autismo é muito mais complexo e multifacetado.

“Não deixe que o autismo se torne a sua identidade.” Por que não? Você só diz isso porque acredita que o autismo é uma coisa ruim. Autismo significa que eu funciono diferente de você de inúmeras maneiras. Meu cérebro está programado de um jeito diferente. Por que não deveria ser a minha identidade? Não é a minha identidade completa, mas é uma parte importante dela.

"Você já tentou se exercitar?" A atividade física melhora o nosso bem--estar e pode aliviar a ansiedade e depressões leves a moderadas, mas não nos torna menos autistas.

"Você já tentou usar uma agenda para se organizar melhor?" De verdade, se fosse simples assim seria ótimo. Se eu pudesse planejar, fazer cronogramas e usar uma agenda, com certeza faria isso.

"Saia de casa e respire ar puro, você vai se sentir melhor!" Não, eu me sinto bem em ambientes fechados e ainda melhor quando consigo focar meus interesses especiais.

"Você está exagerando; não é tão ruim assim." Você não poderia saber, já que não faz parte da sua experiência. Alguns dias são mais difíceis do que outros.

"Todo mundo tem dificuldades." Não. Todo mundo passa por tristezas e incertezas e muitas pessoas sofrem, mas só os autistas têm dificuldades por serem autistas em um mundo feito para neurotípicos.

"Você não pode ser autista porque: tem senso de humor/não tem cara de autista/me olha nos olhos/é empático/é um bom profissional/não tem nada a ver com o filho autista do meu primo, que se joga no chão e começa a gritar." Você não pode ser neurotípico, porque acabou de tomar uma decisão independente sem se preocupar ansiosamente com o que todo mundo vai pensar/usa sapatos confortáveis/diz o que pensa/tem um interesse especial que é importante para você/corta as etiquetas das roupas.

"Não diga que você é uma pessoa com deficiência." Por que não? Eu sou. Não porque tem alguma coisa de errado comigo, mas porque a sociedade não foi pensada para acomodar todos os tipos de funcionamento. Se a sociedade mudasse, eu deixaria de ser uma pessoa com deficiência. Mas continuaria sendo autista.

As pessoas podem se chamar do que quiserem. As dificuldades dos autistas continuam existindo, independentemente de como são chamados ou o do que você pensa sobre eles.

“Muita gente está sendo diagnosticada como autista hoje em dia.” Acho que você tem essa impressão porque o autismo começou a ser nomeado e identificado, o que não acontecia no passado. No entanto, o autismo é uma condição humana que sempre existiu. Ser diagnosticado com autismo não nos torna autistas; nós já éramos autistas. Da mesma forma que a gravidade não surgiu de repente quando Newton a descobriu, no fim do século XVII. O diagnóstico é uma confirmação; ele não cria nada.

As pessoas autistas precisam saber que são autistas, senão elas não vão conseguir se ajudar a ter uma vida melhor. Os autistas não devem precisar sofrer só porque alguns neurotípicos acreditam que a sociedade “deveria” parar com esse negócio de diagnóstico.

“Ninguém é normal.” Claro, tudo bem, e entendo que você não queira parecer inconveniente e normativo. Com certeza é muito “normal”, no sentido de “natural”, ser autista, assim como é normal não ser.

Mas normas e normalidades realmente existem, no sentido de ser “a maioria” e “grande parte das pessoas”. Insistir no contrário não passa de uma forma de negação e de faz de conta. As pessoas costumam se referir à norma usando a abreviação “nós”. Mas os autistas (e outras minorias) raramente estão incluídos nesse coletivo.

“Não existe esse negócio de cultura autista.” Na verdade, existe sim. Os autistas são diferentes de maneiras parecidas. Nossa vivência de mundo é diferente, o que afeta nossa expressão verbal e artística. Considerando que as palavras e seus mundos estão tão visíveis diante dos nossos olhos e são reconquistados a cada dia, nossa busca pelo significado implícito das palavras pode inspirar um uso original da linguagem, com novas associações e analogias. Pode ser difícil para os neurotípicos perceberem isso. Mas os autistas se reconhecem na hora.

“Parece que você está tendo mais dificuldade com o autismo depois que recebeu o diagnóstico. Será que você não estava melhor antes?” Não estava. Eu tinha muita dificuldade; você é que não percebia. Quando descobri que era autista, entendi melhor as minhas dificuldades e parei de tentar escondê-las.

TRÊS FORMAS DE INTERPRETAR A DIFERENÇA

Quando os neurotípicos encontram pessoas que funcionam de um jeito diferente do deles, suas reações e atitudes podem variar. Geralmente eles enxergam a diferença de uma das três maneiras a seguir:

1. **Autoinfligida/imaginária.** A diferença é vista como um defeito que a pessoa em questão cria conscientemente e, portanto, a merece. Essas pessoas acreditam que a diferença desapareceria se a outra pessoa se esforçasse: "Ele diz que é autista, mas devia se esforçar mais".

2. **Médica.** A diferença é vista como um defeito, mas um que não foi criado pela pessoa e sobre o qual ela não tem controle. Alguma coisa está "quebrada" dentro de um autista, que não pode ser culpado por isso e não tem como se curar. A diferença é vista como permanente, e ao mesmo tempo como algo que pode ser remediado com o auxílio do conhecimento médico: "Ele *sofre* de autismo".

3. **Um tipo de funcionamento entre tantos outros.** A diferença

é vista como neutra; não é um defeito, e também não é um superpoder: "Ele não consegue descascar uma laranja/não gosta quando os planos mudam/se comunica de um jeito literal etc.".

Quando uma pessoa é diagnosticada com autismo, ela entra na segunda categoria: a da visão médica. Nessa categoria, você fica mais protegido contra o bullying e o preconceito, já que os neurotípicos não consideram isso culpa do autista. O argumento deles é que fazer bullying com alguém por causa de um defeito que ele não controla é grosseiro e de mau gosto.

Entretanto, nessa categoria você é diminuído e estigmatizado com mais facilidade. Um diagnóstico o transforma em um paciente indefeso, que não sabe o que é melhor para si mesmo; uma pessoa digna de pena, cuja opinião não conta.

Quando a diferença é vista como autoinfligida, as pessoas se sentem à vontade para julgar. É por isso que os neurotípicos podem dizer coisas como "acho que ele não é autista *de verdade*". Quando ignoram completamente o transtorno do neurodesenvolvimento, eles podem colocar a pessoa autista de volta na categoria "toma jeito" e simplesmente julgar e fazer bullying sem se sentirem culpados.

Muitos neurotípicos têm pena ou se sentem provocados pelas pessoas cujos cérebros são diferentes dos delas. A diferença só desperta simpatia ou agressividade. Eles costumam ter dificuldade para entender o autismo pelo que é: simplesmente uma variação, nem melhor nem pior.

Nem todo mundo é assim, claro. Mas muitos pensam desse jeito, o que é suficiente para que os autistas sejam vistos com preconceito.

COMPREENDENDO OS OUTROS

Em um experimento científico, duas plateias — uma autista e a outra neurotípica — assistiram a cenas escolhidas de *Quem tem medo de Virginia Woolf?*. O filme, estrelado por Elizabeth Taylor e Richard Burton, retrata um casal cuja fachada se desfaz durante um jantar de comemoração, revelando conflitos e feridas antigos.

O propósito da experiência era estudar como os autistas interpretam interações sociais. Descobriu-se que autistas e neurotípicos direcionam o olhar para coisas diferentes. Enquanto os autistas focaram a boca dos atores e as palavras que saíam delas, os neurotípicos se concentraram nos olhos dos atores.

Os neurotípicos gastaram sua energia para interpretar tudo o que os atores *não* disseram: os silêncios, o que ficou subentendido, olhares furtivos ou as expressões faciais de um personagem secundário no fundo da cena. Por esse motivo, conseguiram se lembrar muito pouco do que tinha sido dito; já os autistas se lembravam das palavras e conseguiam recitar longos trechos do diálogo.

Quando as descobertas foram apresentadas, os pesquisadores neurotípicos enfatizaram as dificuldades que os autistas tiveram para identificar mensagens subentendidas, mas não mencionaram nada sobre suas memórias poderosas e precisas.

E quem tem mais dificuldade: uma pessoa que esquece o que foi dito ou aquela que não identifica o que não foi verbalizado? Será que o que é visto como uma limitação autista não poderia contar como uma vantagem? Aqui, a maioria decidiu que o jeito neurotípico é o correto e mais desejável. O outro jeito, o dos autistas, é classificado como aberrante e inferior.

Será que estão ouvindo o que nós dizemos? Ou estão absortos na própria interpretação? São perguntas que você pode se fazer quando está interagindo com neurotípicos.

A resposta é que provavelmente eles interpretam mais do que escutam.

Nos anos 1950, foi conduzido um estudo para verificar como as pessoas extraíam significado das conversas. O pesquisador Albert Mehrabian concluiu que apenas 7% das pessoas que recebiam uma mensagem falada focavam principalmente as palavras ditas. Ao mesmo tempo, 38% focavam, sobretudo, o tom de voz e 55% — o maior grupo — dava mais importância para a linguagem corporal do falante.

Pressupõe-se que os autistas pertenciam aos 7%.

Considerando que os neurotípicos se preocupam muito com a comunicação social não verbal, eles geralmente querem ter certeza de que você está escutando o que eles dizem. Eles gostam quando você demonstra com o seu corpo que está prestando atenção. Talvez você precise se inclinar para a frente, fazer que sim com a cabeça e olhá-los nos olhos para que eles se convençam.

Se você estiver desenhando ou fazendo anotações enquanto eles falam, podem pensar que você não está escutando o que estão dizendo. Eles nem sempre entendem que esse é só um jeito de processar os estímulos, e podem interpretar como um sinal de problema de concentração, já que você não "parece" atento.

Passar a informação e ir direto ao ponto costuma ser mais rápido do que outras formas de comunicação. Por esse motivo, os neurotípicos podem parecer digressivos e prolixos. Comunicar-se de forma vaga e não verbal leva mais tempo, e eles às vezes precisam preencher esse tempo com palavras. É por isso que eles podem ter fama de serem repetitivos, por se repetirem e dizerem coisas sem sentido.

Você costuma ouvir isso quando pessoas se comunicam no âmbito profissional. Eles acrescentam frases feitas como: "na situação na qual nos encontramos no momento".

O discurso neurotípico pode conter tantas contradições e insinuações estranhas que a mensagem principal se torna incompreensível. Às vezes o conteúdo parece tão diluído que pode se referir a tudo e nada ao mesmo tempo. *O que essa pessoa está tentando dizer?*, talvez um autista se questione, impaciente. Nesses casos, você precisa se lembrar de que os NTs nem sempre se comunicam com a finalidade de passar uma informação. Às vezes eles conversam para criar associações entre valores positivos, demonstrar apoio, evocar o sentimento de solidariedade e pertencimento ou mostrar que existe um objetivo em comum. Algumas pessoas falam apenas para se sentirem vivas.

Muito da comunicação neurotípica tem a ver com exercer influência. Eles querem manipular os outros ou manter o próprio status dentro de determinado grupo. Pode ser por isso que repetem a mesma mensagem tantas vezes. Estão tentando persuadi-lo. Pensam que você quer dizer algo diferente do que disse e que pode mudar de opinião na próxima vez que ouvir as mesmas palavras. Para um autista — que lembra de tudo que foi dito — pode ser exaustivo ter que ouvir essas repetições.

OLÁ! SOBRE CUMPRIMENTOS

Muitos neurotípicos gostam de tocar quando cumprimentam, mesmo quando estão conhecendo uma pessoa. Eles querem apertar a mão, abraçar ou beijar na bochecha. Como não são hipersensíveis a estímulos sensoriais, para eles o toque não é tão desagradável ou íntimo demais. Não lhes causa arrepios ou dor física.

O aperto de mão é importante para eles, que atribuem grande significado ao quanto o seu aperto de mão é firme ou fraco. Se quer agradá-los, o seu aperto de mão deve ser moderadamente firme. Se for muito fraco, será visto como frouxo e indelicado. Por outro lado, se você apertar muito forte, eles pensarão que está tentando afirmar seu poder e superioridade.

Eles também estranham quando um aperto de mão dura muito tempo. Em *Comediantes sem Fronteiras*, um programa de TV sueco no qual os participantes são encarregados de fazer coisas vergonhosas em público enquanto estão sendo filmados por câmeras escondidas, um dos desafios é apertar a mão de um estranho pelo máximo de tempo possível. A regra tácita para apertos de mão é que eles devem durar entre um e três segundos, o apresentador explica. Os segundos vão passando e a plateia grita tanto de pavor quanto de divertimento à medida que os participantes vão sustentando o aperto de mão o máximo possível.

O ritual de cumprimento é importante para os neurotípicos, mesmo quando encontram amigos próximos e familiares com quem socializam com frequência. Eles demonstram relutância em renunciar a ele. O cumprimento se torna uma validação de que você foi visto pela pessoa a quem saúda.

Para os autistas, os cumprimentos podem parecer desnecessários quando encontram pessoas que já conhecem. Quando minha amiga autista Hanna e eu nos encontramos, fazemos um sinal com a cabeça uma para outra, sorrimos e trocamos um rápido "oi". Em seguida, prontamente iniciamos uma conversa sobre o que quer que esteja passando pela nossa cabeça. Não precisamos nos abraçar porque já sabemos que gostamos uma da outra e da companhia uma da outra.

Os neurotípicos preferem um cumprimento uniforme. O ideal é que todos façam a mesma coisa. Se encontram alguém que não os cumprimenta na hora, podem se sentir afrontados. Recusar-se a apertar a mão de alguém é considerado rude, é claro, mas os neurotípicos podem interpretar isso como uma maneira de negar a existência da outra pessoa.

Essa tradição remonta, em parte, ao uso histórico do aperto de mão para selar uma promessa. Quando fecham um acordo de negócio, as pessoas trocam um aperto de mão. O aperto de mão é um sinal de honra, e segurar a mão de alguém é demonstrar respeito pela pessoa. Não aceitar uma mão estendida é, portanto, um gesto poderoso, que sinaliza falta de confiança.

Onde moro, na Suécia, abraçar se tornou bastante popular. Porém, durante a pandemia de covid-19, quando apertos de mão e abraços não eram possíveis, novas maneiras de se cumprimentar por meio do toque foram inventadas. As pessoas encostavam os cotovelos ou se equilibravam em uma perna só e roçavam o pé no do outro. Você também poderia abraçar a si mesmo e depois abrir os braços para demonstrar que gostaria de abraçar a outra pessoa.

A pandemia também proporcionou uma reavaliação temporária do aperto de mão. Se o toque poderia transmitir uma doença perigosa,

ABRAÇO!
MELHOR NÃO...

ele não era mais tão importante. Recomendações de *não* apertar as mãos foram criadas para evitar a disseminação da doença. No entanto, poucos anos antes, em países como França e Suíça, muçulmanos tiveram sua cidadania negada depois de se recusarem a apertar a mão de oficiais do sexo oposto.

Os NTs também gostam que você olhe nos olhos deles quando os cumprimenta e fala com eles. Ao mesmo tempo, não querem que você os encare. É uma linha tênue para a gente navegar. Se você não olha nos olhos deles durante uma conversa, eles pensam que você não está ouvindo o que dizem e se magoam. Se o seu olhar dura tempo demais podem ficar ofendidos e perguntar “por que está me encarando?”.

AS REGRAS DO GRUPO

Como vimos, muitos neurotípicos relacionam seu senso de identidade ao grupo ao qual pertencem. É como se eles se definissem em relação a um coletivo invisível. Eles carregam essa rede de relacionamentos na mente enquanto navegam pela vida e tomam decisões.

Para eles, ter muitos amigos costuma ser um indicador de status elevado. Quanto mais amigos têm, mais queridos se sentem. A aprovação do grupo é importante para o bem-estar deles.

Alguns neurotípicos se envolvem em uma socialização quase compulsiva, tanto pelo celular quanto cara a cara. Eles gastam todo o seu tempo mantendo contatos sociais e encontrando amigos, o que pode levá-los a negligenciar outros aspectos da vida. Por exemplo, podem ter dificuldade para desenvolver interesses verdadeiramente especiais. Eles simplesmente não têm tempo.

Considerando que os neurotípicos geralmente se identificam com um grupo, suas opiniões podem passar a depender do que os outros pensam.

Vamos supor que um neurotípico esteja planejando uma viagem a Londres e queira visitar o museu de cera Madame Tussauds. Ele menciona isso para um amigo, que responde: "Só os turistas idiotas vão lá". Como não quer ser considerado um "turista idiota", ele muda de ideia e não deseja mais visitar o museu. Fazer parte do grupo certo é mais importante do que seus desejos pessoais.

É óbvio que os autistas podem se comportar desse modo também, embora a motivação seja mais forte nos neurotípicos. Eles carregam sua rede invisível na mente aonde quer que vão.

Os neurotípicos geralmente acham difícil interpretar e entender as intenções de um autista. Estão tão acostumados a serem a norma que presumem que todo mundo funciona de maneira semelhante a eles. Essa presunção quase sempre está correta —, uma vez que o modo de funcionamento deles é o da maioria —, mas, quando encontram um autista, as coisas podem dar errado.

Os autistas podem ter dificuldade para entender os neurotípicos, mas, considerando que encontramos pessoas que funcionam diferente de nós o tempo todo, somos treinados — e geralmente proficientes — em lidar com o que não é familiar nos outros. Também não temos dificuldade para entender outros autistas.

Uma desvantagem do jeito neurotípico de funcionar é que eles costumam ser rápidos para julgar. Como baseiam suas interpretações naquilo que já sabem, podem ser descuidados e não enxergar cada situação separadamente. Em vez disso, eles chegam rapidamente a conclusões incorretas.

Quando os neurotípicos interpretam o comportamento de outras pessoas, com frequência presumem que a intenção pode ser decifrada com base na ação. Eles acreditam que podem descobrir *por que* uma pessoa se comportou de determinada maneira só de examinar *o que* ela fez. Não podem ter certeza, é claro, mas ainda assim partem de suas noções preconcebidas de que todas as pessoas são iguais.

Aqueles que baseiam suas conclusões naquilo que já sabem também tendem a pensar dentro da caixa. É difícil para eles considerar alternativas e imaginar aquilo que ainda não sabem ou que não vivenciaram.

Outra desvantagem é que os neurotípicos geralmente presumem o pior. Eles ficam desconfiados e pensam que os outros têm motivações egoístas e querem magoá-los.

Isso tem a ver com ler nas entrelinhas. Em cada conversa, mensagem de texto ou comunicação de qualquer tipo, os neurotípicos esperam que exista um significado implícito; algo que não é dito, mas que a pessoa que está comunicando queria dizer. Os neurotípicos tentam decifrar essa mensagem não dita estudando a linguagem corporal e as expressões faciais, prestando atenção ao tom de voz ou analisando o que foi escrito.

Será que presumir constantemente que ninguém de fato quer dizer o que diz não seria um jeito pesado de viver? Será que não é pior acreditar que os outros estão escondendo as coisas por rancor ou maldade?

Os neurotípicos podem se sentir provocados se você, sendo um autista, fizer muitas perguntas para eles. Isso acontece porque eles enxergam as perguntas como uma tentativa de desafiá-los ou criticá-los. Só que, quando um autista pergunta "Por quê?", ele geralmente está expressando a vontade sincera de entender o neurotípico. Não é uma tentativa de diminuí-lo ou encurralá-lo.

Nós perguntamos porque somos curiosos e queremos saber, nada além disso. Não há nenhuma segunda intenção maliciosa, sarcástica ou passivo-agressiva. Queremos dizer o que dizemos e dizemos o que queremos dizer. Na versão sueca do programa *Casamento à Primeira Vista*, no qual os participantes em busca de amor são divididos em pares pelos especialistas, uma das mulheres tinha sobrevivido a um tumor cerebral. Depois que ela contou ao novo marido sobre essa experiência, os psicólogos do programa analisaram o diálogo. Em uma conversa no estúdio, eles discutiram sobre como responder quando uma pessoa te conta alguma coisa, fazendo uma confidência. O que se deve dizer quando alguém compartilha uma experiência difícil com você?

Falar sobre si mesmo e compartilhar uma experiência difícil é um "erro fundamental", os especialistas concordaram. Você não deve fazer isso logo de cara, pois a outra pessoa pode achar que você "monopolizou a conversa" e não "compreendeu" as necessidades dela. Isso não será recebido como uma tentativa sua de fazer a outra pessoa se sentir menos sozinha em sua experiência.

Os especialistas presumiram que a mulher que se abriu sobre o trauma queria se promover e se tornar o centro da conversa, o que seria considerado uma motivação egoísta.

Suspeitar da motivação dos outros e interpretá-la como sinal de autocentrismo é muito neurotípico. Os autistas com frequência falam sem estar constantemente calibrando as dinâmicas de poder na conversa. Não ficamos acompanhando o status para saber quem é superior ou inferior; pelo contrário, nós apresentamos problemas interessantes ou exemplos uns aos outros sem fazer julgamentos.

Já os neurotípicos geralmente esperam que seus parceiros de conversa tenham um motivo oculto. Pode-se dizer que vivem procurando sinais de que não estão sendo vistos, porque esse é o maior medo deles. O nível de medo que os neurotípicos sentem varia dependendo da autoestima de cada um, é claro. Mas é comum eles terem dificuldade para entender que os autistas se comunicam sem significados subentendidos. Eles procuram mensagens não ditas porque é assim que eles mesmos se comunicam.

Se imaginarmos um iceberg, poderíamos dizer que os neurotípicos presumem que as verdades são ditas como a ponta do iceberg. Eles esperam uma pequena parte da verdade, apenas aquela ponta que fica fora da água. Sob a superfície, porém, flutua uma grande parte do iceberg, fora da vista. Ela é o restante da verdade; tudo o que não foi dito.

Não é assim que os autistas se comunicam. Nós falamos toda a verdade de uma vez, não deixando nada abaixo da superfície.

"Mas o que isso realmente quer dizer?", é o que os neurotípicos costumam se perguntar. Se estiverem conversando com uma pessoa autista, a resposta é que "isso" não significa nada além daquilo que o autista disse, sem tirar nem pôr. Nada mais, nada menos.

Cientistas desenvolveram uma teoria chamada **problema duplo de empatia**, que descreve a dificuldade de se identificar com o modo como as pessoas que funcionam diferente pensam e sentem. Os neurotípicos são bons em se entenderem, mas sua imaginação costuma ser mais limitada quando se trata de autistas. Eles simplesmente têm dificuldade para interpretar e entender as intenções dos autistas. Os autistas, por sua vez, são capazes de se identificar e de entender uns aos outros.

GLOSSÁRIO

"Senso comum" é um eufemismo usado pelos neurotípicos para afirmar que o jeito como eles funcionam é o melhor. O argumento deles é que fazer o que eles fazem é o mesmo que ser sensato.

"Eu entendo." Não é bem uma confirmação de entendimento, e sim um jeito de vocês seguirem em frente. Significa: "discordo de você e não quero mais falar sobre isso".

"Posso sugerir que..." ou **"Seria ótimo se você pudesse..."** = "Faça deste jeito."

"Fiquei surpreso que você..." = "Você enlouqueceu?"

VOZES AUTISTAS

Rebecca: "Eu sempre acho que os NTs têm menos imaginação que os autistas, embora muitos digam o contrário. Eles sempre presumem que todo mundo é igual — e que todo mundo é como eles".

Ellinor: "Eles gostam de reclamar das coisas e remoer os problemas, mas não querem soluções. Se você oferece sugestões construtivas, não respondem. Pelo contrário: você precisa ouvir a mesma história toda de novo".

Lina: "Quando você fala sobre o assunto, eles sempre acham que você na verdade está falando de si mesmo. Presumem que você está sendo manipulador ou agindo com segundas intenções".

Thina: "Eu digo o que quero dizer e quero dizer o que digo. O problema dos neurotípicos é que eles insistem em 'ler nas entrelinhas' e alegam que eu quis dizer uma coisa completamente diferente. Se eles preferem acreditar em um monte de coisa estranha, a culpa é deles; eu não funciono assim".

Ella: "Às vezes, quando não quero decepcioná-los, tento desesperadamente pensar em algum 'significado implícito' para compartilhar. Mas então percebo que... não tem nenhum".

Casper: "Você já reparou que nas discussões eles raramente permanecem no assunto? Por exemplo: você faz uma pergunta sobre leis e eles desviam para alguma tangente sobre sua opinião pessoal. Só que a opinião não é relevante quando estamos falando sobre o que é legal e o que não é".

Sofia: "Muita gente, sobretudo profissionais da saúde, faz perguntas tão amplas que acabo tendo dificuldade para entender o que a pessoa quer saber. 'Como você se sente sobre tudo isso?' e 'O que você acha sobre o que acabei de te dizer?' É tudo tão amplo que não sei como responder. Prefiro perguntas mais específicas, do tipo: 'Como vão os estudos?'. Do contrário, não entendo o que a pessoa quer ouvir; com certeza, não deve estar interessada em um relato detalhado de tudo o que está acontecendo na minha vida, não é mesmo?"

Fanny: "Eles esperam que você saiba ler a mente dos outros".

Mynta: "Eles precisam ser indiretos o tempo todo e transformar tudo em um jogo social, em vez de irem direto ao ponto. Parece tudo tão complicado e bobo".

Erika: "Eles abordam o assunto, mas no fundo não querem falar sobre aquilo. Estão sempre falando sem profundidade. Quando me interesso e quero me aprofundar, agem como se *eu* fosse estranha. Isso deixa muito claro que só estão conversando para trocar sons, e não informações".

Sofia: "Em uma discussão, eles precisam sempre repetir o que você está dizendo para mostrar que concordam. Imagino que isso seja útil em situações de conflito; para mostrar que você não está *simplesmente* discordando. Agora, se estamos discutindo ideias, prefiro seguir o fluxo de pensamento a ficar sendo papagaio de pirata um do outro".

MAL-ENTENDIDOS

Os neurotípicos têm dificuldade com a comunicação literal, livre de julgamentos. Eles tendem a fazer interpretações que vão muito além daquilo que você disse. Tiram conclusões baseadas nos próprios moldes e padrões culturais, em vez daquilo que de fato está sendo dito. Enquanto você conversa com eles, estão recebendo ao mesmo tempo múltiplas mensagens; não só as das palavras que estão sendo ditas como também todo o "enfeite" ao redor delas, que avaliam em segundos e classificam de acordo com categorias preexistentes. O problema é que eles acabam tirando conclusões erradas.

Por exemplo, imagine que está conversando com alguém que gosta do sistema operacional Linux. Talvez você comente: "O logo do Linux é um pinguim. Não gosto de pinguins". Se estiver conversando com um neurotípico, ele provavelmente vai interpretar que você disse que não gosta do Linux, mesmo que você não tenha dito isso. São duas afirmações independentes que o neurotípico correlaciona. A associação entre o Linux e o pinguim se transforma em uma só na mente neurotípica. Paralelamente, ele registra suas pistas não verbais, talvez reagindo a sua expressão neutra e à falta de contato visual. Com base nisso, conclui que você "parecia descontente", reforçando a noção de que você realmente queria dizer que o Linux é ruim.

É assim que os mal-entendidos acontecem. Alguns neurotípicos ficam tão presos as suas categorias e experiências anteriores que não conseguem absorver novas informações que contradigam seu sistema de crenças preexistentes. Na verdade, eles só escutam o que querem.

Quando se trata de percepção e cognição, os neurotípicos escolhem atalhos e conseguem, portanto, estabelecer conexões mais rápidas. Eles reduzem detalhes a símbolos e categorias; transformam árvores em uma floresta.

Mas aqueles que escolhem atalhos também são rápidos para fazer generalizações.

Vejamos um exemplo: os NTs descobriram que, se uma pessoa está olhando para baixo, ela provavelmente está triste. Assim, quando encontram alguém cabisbaixo, concluem que essa pessoa deve estar se sentindo desanimada, mesmo que existam inúmeros motivos pelos quais alguém possa estar de cabeça baixa.

Esse é o pano de fundo para o eterno preconceito de que as pessoas autistas não têm empatia. Médicos e pesquisadores neurotípicos interpretam erroneamente as pistas não verbais dos autistas —, como expressões faciais neutras —, e as consideram sinais de indiferença. Em seguida, em nome da ciência, tomam a liberdade de descrever como inferiores as pessoas que funcionam de modo diferente do deles. No início, aqueles que pesquisavam sobre o autismo e acreditavam que os autistas não eram empáticos simplesmente não tinham imaginação quando encontravam alguém diferente deles.

Hoje em dia, sabemos que os autistas costumam ser hiperempáticos e não têm dificuldade para sentir compaixão. Pelo contrário, nós frequentemente demonstramos bastante coragem em nome da coletividade, e a capacidade de denunciar injustiças e de resistir à pressão do grupo.

Devido a nossa dificuldade para identificar mentiras, no entanto, nós autistas acabamos nos tornando vítimas. Pesquisas mostram que corremos maior risco de sofrer abuso sexual, uma vez que somos presa fácil para abusadores. Interpretamos a comunicação literalmente e confiamos que os outros querem dizer o que dizem. Também temos dificuldade para ouvir nossos instintos, pois quase sempre ouvimos que o que sentimos não é verdadeiro.

Entretanto, o preconceito em relação a nossa suposta incapacidade de sentir empatia persiste. Basta olhar para qualquer postagem sobre *true crime* (crimes reais) no Reddit e você encontrará detetives amadores alegando que o culpado provavelmente é autista porque "não tem empatia". Na realidade, a falta de empatia é mais comum em narcisistas e em indivíduos com transtorno de personalidade antissocial, e não em autistas.

No dia a dia, meu trabalho é produzir programas de rádio sobre música. Uma vez, no trabalho, mencionei que um programa que supostamente deveria tocar música tranquila não tocava. Para mim, tinha sido uma observação neutra: a música era alegre e dramática, e não calma e relaxante. Não estava tentando criticar ninguém. Mas foi recebido como se eu quisesse dizer algo do tipo: "Por que vocês não conseguem escolher a música certa uma vez na vida?". Provavelmente eu não tinha suavizado a mensagem corretamente.

Se uma pessoa autista não se adapta à forma neurotípica de comunicação, não importa se a informação em si está factualmente correta. Ela pode estar completamente certa e ainda assim correr o risco de ser recebida com negatividade.

Em qualquer tipo de comunicação, os neurotípicos tendem a escutar primeiro o conteúdo que associam a um juízo de valor e a suas posições dentro da hierarquia do grupo. É só na etapa seguinte que eles registram os fatos. E, como seus ouvidos só registram ameaças a sua identidade, não são receptivos à mensagem literal e verdadeira de forma alguma. Podem surgir conflitos se os neurotípicos identificam críticas na mensagem, estejam elas presentes ou não.

Por exemplo, eles podem suspeitar de que os autistas estão tentando agradá-los ou acalmar os outros quando na verdade só estamos afirmando a nossa opinião independente. Os neurotípicos geralmente apreciam a competição e a rivalidade em suas interações sociais; por esse motivo, procuram evidência disso nos outros.

Pode ser um desafio reverter esse cenário. Às vezes, já começo me desculpando — "Sou autista, então desculpe se eu for muito direta" — antes de dizer exatamente o que quero dizer. Não há motivo para tentar dourar a pílula; eu nem sei como fazer isso, e os neurotípicos são tão imprevisíveis nas coisas que os ofendem.

Por outro lado, precisar se desculpar o tempo todo não é sustentável para a autoestima de uma pessoa. Infelizmente, é um hábito que muitos autistas desenvolvem para evitar ofender alguém. Isso também pode nos tornar um pouco paranoicos. Quando a experiência nos ensinou que vamos inevitavelmente magoar alguém, nos tornamos hipervigilantes e tememos fazer isso o tempo todo.

A maioria dos autistas se lembra de ter magoado outras pessoas sem entender o motivo. Já receberam uma boa dose de broncas e comentários tortos; talvez tenham sido ironizados, rejeitados, usados e descartados. Não é estranho para eles precisar se preocupar que isso não se repita novamente e optar por tomar cuidado.

Nesse sentido, seria útil se os neurotípicos pudessem aprender a nem sempre presumir o pior.

Há um velho provérbio sueco que diz: "Conheça a si mesmo e conhecerá os outros". Ele descreve corretamente a maneira como os neurotípicos interpretam os outros, como se tivessem motivações ocultas e egoístas. Isso pode assumir muitas formas; por exemplo, podem pensar que não é legal postar mensagens de luto nas redes sociais quando uma pessoa famosa morre; eles enxergam isso como uma maneira de se associar com a celebridade para parecer especial. "Fale por si", eu gostaria de responder.

A ideia de que a motivação de quem postou pode ser a admiração pela pessoa que faleceu por ter feito música ou escrito livros que significam muito para ele ou ela não parece passar pela cabeça dos NTs. Quando você conhece a si mesmo, também conhece os outros.

Os neurotípicos também podem suspeitar das autodescrições de outras pessoas e acusá-las de serem falsas ou arrogantes. "Aqueles que alegam estar pensando no Império Romano estão mentindo. A última trend é apenas um jeito novo de dizer: sou superintelectual e profundo'", diz um editorial recente publicado no jornal sueco *Dagens Myheter*.

Quem faz bullying opera de um jeito parecido, atribuindo qualidades negativas às suas vítimas, criando regras que alegam que a vítima quebrou, criando uma justificativa para o bullying e para o julgamento. É como se a culpa fosse da própria vítima.

Crianças e adultos fazem bullying. Eles escolhem suas vítimas e oportunidades; sabem o que estão fazendo e têm certeza de que não serão pegos.

Comunicar-se com clareza é um desafio para muitos neurotípicos. A norma é se expressar de maneira indireta e vaga. Os neurotípicos só usam a precisão e a exatidão no mundo das leis. Na maioria dos outros contextos, presumem que todo mundo entende sua linguagem codificada.

O autista **Henrik** se recorda de uma situação em que tinha ido buscar uma TV em um espaço de ensaio que alugava junto com outras pessoas. O aluguel deles tinha acabado e o espaço precisava ser liberado. Um dos proprietários escreveu para ele: "Não esqueça de deixar as chaves e o cadeado quando estiver lá".

"Quando peguei a TV, percebi que não conseguiria trancar a porta na hora em que saísse, mas tinha sido instruído a deixar as chaves e foi isso que fiz.

"Depois que fui embora, escrevi para o proprietário dizendo que tinha deixado as chaves e o cadeado dentro da sala. Ele ficou muito chateado por eu não ter trancado a porta quando saí. Mas ele não tinha dito para deixar as chaves? Parece que ele quis dizer que havia uma recepção no prédio, onde eu deveria ter deixado as chaves, só que ele não mencionou isso. Ninguém nunca tinha me falado sobre essa recepção."

Não só o proprietário deu instruções pouco claras como respondeu irritado, dizendo que Henrik deveria ter usado o "senso comum". Ele o deixou se sentindo culpado e envergonhado por fazer o proprietário ter que sair no seu dia de folga para resolver o problema.

Essa situação é um exemplo do fato de que os neurotípicos podem ter dificuldade para dar instruções claras por presumirem que as coisas são óbvias. Para eles também é difícil entender que autistas podem seguir exatamente as instruções que receberam sem ter o objetivo de causar problemas para os outros.

Com os neurotípicos existem milhões de buracos nos quais você pode acidentalmente cair durante conversas escritas ou faladas. A impressão que temos é a de que precisamos pesar cuidadosamente cada palavra. Em certas situações, é como se estivéssemos tentando nos equilibrar em uma linha tênue, que simplesmente não conseguimos acertar. Precisamos lidar com isso.

Situações particularmente sensíveis podem surgir. Por exemplo: perguntar se a pessoa quer ter filhos. Presume-se que você está tentando forçá-lo à norma da família nuclear, ou então você corre o risco de a pergunta ser um gatilho para o luto de alguém por suas tentativas malsucedidas de engravidar.

Também pode ser considerado insensível perguntar a alguém como se pronuncia o seu nome, de onde ele veio ou quais são seus planos para o futuro. Não estou querendo dizer que você não deve perguntar. Pelo contrário, acredito que muitos neurotípicos precisam melhorar no sentido de não interpretar perguntas sinceras como um ataque pessoal.

VOZES AUTISTAS

Liv: “Com seis ou sete anos, eu tinha muita dificuldade para entender por que meus professores diziam para nunca sermos maldosos ou usarmos de violência, ao mesmo tempo que abriam exceções para alguns alunos (principalmente meninos) quando faziam bullying ou eram violentos. Os professores sempre diziam: ‘Se alguém for maldoso, conte para um adulto’. Só que, quando eu contava, quase sempre o adulto respondia: ‘Ignore que eles param’. E não falavam nada para quem fazia bullying”.

Eva: “No outono de 2017, fiz minha professora e meus colegas gargalharem quando um deles disse, empolgado: ‘Os Rolling Stones vêm para cá em outubro’. Eu pensei: *Como assim? Eles estão vindo para cá, para a escola?* E expressei minha surpresa”.

Sara: “Procurei um médico, que fez várias perguntas sobre o meu estilo de vida. Em determinado momento ele perguntou: ‘Quanto você bebe?’. E eu respondi: ‘Dois litros por dia’. O médico e sua assistente ficaram confusos. Então, ele perguntou: ‘*O que* você bebe?’. E eu respondi: ‘Água com limão e leite de soja’”.

Fabian tinha seis anos quando foi diagnosticado com autismo. Sofreu bullying na escola, principalmente no ensino médio.

"Não me batiam nem nada, mas falavam coisas. Tinha uma menina de quem eu gostava. Ela chegou a sugerir de nos encontrarmos. Daí, um pouco antes recebi uma ligação dizendo que ela estava cancelando. Descobri que ela tinha namorado. Acho que ela estava me fazendo de bobo.

"Uma vez, alguns alunos da oitava série jogaram bombinhas em mim. Fiquei assustado e contei para os meus pais. Teve uma ocasião em que vi postagens estranhas sobre mim no meu feed do Facebook. Acho que é possível dizer que sou ingênuo, mas... achei que estavam só brincando. Quando mostrei as postagens para os meus pais eles disseram: 'Você precisa mudar de escola'. Minha mãe escreveu no meu perfil: 'Por que vocês estão fazendo isso com a criança mais doce do mundo?'. No dia seguinte, ela disse para minha professora que eu não retornaria para a escola".

Klara: "Tenho a sensação de que os neurotípicos têm um interesse especial na vida de outras pessoas. Não entendo como podem ficar completamente interessados nos filhos, netos, parceiros, relacionamentos e nas coisas de outras pessoas. Por exemplo, às sextas-feiras eles passam o dia inteiro perguntando para todo mundo sobre seus planos para o fim de semana, querendo saber vários detalhes. E também tem gente que decora os nomes dos irmãos e dos netos de todo mundo e quer conversar sobre crisma, formatura, casamento, divórcio e até mesmo sobre as infecções de ouvido das crianças pequenas".

Anna: "Eu não dou a mínima para a vida das outras pessoas, por exemplo, quando visito alguém e a pessoa quer me mostrar a casa. Parece que as pessoas costumam fazer isso. Então, eu ando pelo lugar dizendo com educação 'ahhh' e 'oooh' e 'que legal' sempre que necessário. Mas na verdade não tenho o menor interesse.

"Não me entenda mal; eu gosto dos meus amigos, mas não das suas preferências para design de interiores ou de quem eles estão namorando. Eu me interesso pelos seus pensamentos e opiniões, pelas suas paixões, pela maneira como enxergam o mundo, e não só pelos assuntos superficiais".

Malin: "Sempre que meu namorado e eu saíamos para andar de barco, ele anunciava: 'Estamos chegando ao píer'. Eu achava estranho o fato de ele dizer isso toda vez. E sempre acompanhado por um quase grito: 'Pelo amor de Deus, as defensas!'. Eu me lembro de pensar: *Será que precisa ficar tão bravo assim?* Isso foi antes de eu suspeitar que era autista. Quando ele dizia 'Estamos chegando ao píer', o que ele realmente queria dizer é: 'Por favor, se prepare para jogar as defensas'".

Lina: "Eu estava em um relacionamento a distância. Ele dirigia seis horas para me ver em fins de semana alternados. Eu sempre perguntava se ele gostaria que eu deixasse o jantar pronto para a hora em que ele chegasse. Todas as vezes ele dizia que não precisava. Ele também sempre ligava quando estava a uns vinte quilômetros da minha casa para dizer que estava em uma determinada parada na estrada, fazendo um intervalo. Nunca entendi por que ele ligava para dizer isso e ele nunca entendeu por que o jantar nunca estava pronto quando ele chegava".

Hedvig: "No verão passado fui visitar minha avó. Era um dia frio de verão, que para mim estava bem agradável, já que geralmente sinto muito calor. A porta da varanda estava aberta e eu estava sentada lá, provavelmente mexendo em algumas plantas, quando minha avó colocou a cabeça para o lado de fora para perguntar se eu não estava com frio. 'Não', respondi, animada, 'está bem agradável e fresco.' 'Tem certeza?' 'Tenho sim.'

"Só que alguns minutos depois ela saiu e fez a mesma pergunta de novo. Eu garanti a ela que não estava com frio e minha avó voltou para dentro de casa. Percebi, no entanto, que ela parecia estar um pouco desapontada. Por isso, me levantei, fui até a cozinha e disse: 'Olha, se você está com frio e quer fechar a porta, por mim tudo bem'. E não é que era exatamente isso que ela queria?".

CONVERSA-FIADA

Uma das coisas que Ford Prefect sempre achou difícil de entender sobre os humanos era o hábito de estarem sempre afirmando e repetindo aquilo que era muito, muito óbvio, por exemplo, O dia está lindo *ou* Nossa, você caiu em um poço de dez metros de profundidade; você está bem?

Douglas Adams, *O guia do mochileiro das galáxias*

Os neurotípicos gostam de conversar mesmo quando não têm nada para dizer, além de não se importarem com o assunto sobre o qual estão conversando. Para eles, a interação social e o sentimento de companheirismo costumam ser mais importantes do que o assunto da conversa.

Uma maneira generosa de pensar na conversa-fiada como fenômeno é que ela é uma tentativa dos neurotípicos de despejar informação — que começa e depois para. O seu parceiro NT de conversa pode, por exemplo, querer falar sobre o clima, mas parar antes de dizer algo realmente interessante. Uma estratégia poderia ser pegar a deixa deles e iniciar uma conversa profunda sobre um fenômeno meteorológico. Mas isso provavelmente não vai ser apreciado, já que a regra mais importante da conversa-fiada é que ela não deve ter nenhum significado.

Sendo um autista, vale a pena aprender algumas frases; elas serão úteis. Consulte o glossário para ver algumas sugestões. É difícil estabelecer uma conexão com neurotípicos sem participar da conversa-fiada primeiro.

Para uma pessoa autista, jogar conversa fora é desafiador. Queremos participar, mas não conseguimos. Essa inabilidade não tem nada a ver com arrogância; mesmo assim, para que os neurotípicos não te achem arrogante, seria bom memorizar algumas falas para usar se for preciso.

A conversa-fiada raramente contém algo interessante. Os autistas preferem ir direto ao ponto e falar sobre coisas importantes, ou conhecer a outra pessoa mais a fundo.

Para entender a conversa-fiada, você precisa se lembrar de que os neurotípicos se comunicam com outros objetivos que vão além da troca de informação. Para eles, um bate-papo aparentemente vazio serve a um propósito. É uma forma de questionar, de testar o terreno. Eles usam a conversa-fiada como um meio de sentir a pessoa com quem estão conversando. O tópico de discussão não é importante; geralmente acaba sendo sobre aquilo que vem primeiro à mente, como o clima ou a máquina de café do trabalho. O objetivo da conversa-fiada é identificar quem a outra pessoa é. De fato é um jogo bem intrincado.

O difícil para o autista é que esse jogo contém muitas camadas de fingimento. Você precisa falar e manter a conversa fluindo, sem dizer nada que possa soar minimamente controverso ou que pareça uma promessa. Deve ser agradável e superficial, enquanto você também está sendo analisado e julgado. Você precisa acompanhar as expressões faciais e a linguagem corporal, e tem que administrar a conversa sem dizer nada. Em outras palavras, é exaustivo. O autista tenta de tudo e no fim acaba não conseguindo falar nada.

Uma coisa peculiar sobre os neurotípicos é que eles ficam ao mesmo tempo preocupados com as outras pessoas e com manter certo distanciamento. Eles mantêm uma fachada e evitam se aproximar demais. Paralelamente, eles se importam demais com o que os outros pensam. Muitos não parecem enxergar isso como uma contradição, e sim como algo completamente normal.

INCRÍVEL COMO O DIA ESTÁ LINDO.
"SIM! MAS VAI CHOVER DE NOVO AMANHÃ."

GLOSSÁRIO

"Então tá bom" ou **"Foi bom ver você"** podem significar "Quero encerrar nossa conversa".

"Vamos marcar de nos encontrar para tomar um café ou almoçar" também pode significar que a pessoa não vai entrar em contato para marcar nada.

"Tudo vai ficar bem." Neurotípicos dizem isso para confortar os outros, mesmo que não saibam o que o futuro reserva.

"Me conta TUDO!" A pessoa não quer ouvir tudo; ela quer dizer "Faça um resumo do que aconteceu, priorizando as partes mais importantes, engraçadas e surpreendentes".

"Como você está?" "Em que sentido e comparado a qual momento?", o autista se pergunta, querendo dar uma resposta honesta e completa. Não é necessário. Responda simplesmente: "Bem, e você?". Essa pergunta é retórica, não está ligada a um interesse verdadeiro.

VOZES AUTISTAS

Casimir: "Não tenho muito jeito para bater papo ou para conversar se não for estritamente necessário. Meu irmão neurotípico, por sua vez, vai para a colônia de férias por livre e espontânea vontade".

Henrik: "Todo mundo quer estabelecer uma conexão pessoal e emocional com alguém, um relacionamento. A coisa mais impressionante sobre os neurotípicos é que, depois de tudo, eles fazem o possível para se distanciar de seus relacionamentos. Não desejam conversar sobre coisas mais profundas. Querem se conectar com alguém, mas, ao mesmo tempo, se esforçam de verdade para *não* se conectar. Eu quero ter uma conversa interessante sobre algo pessoal e profundo, algo gratificante e enriquecedor".

Elli: "Não entendo as pessoas que falam sem ter o que dizer. Será que pensam sem ter nenhum pensamento também?".

Anna: "Na hora de ficar de papinho ou de fofocar com pessoas que não me conhecem bem, eu costumo fingir. De algum jeito, consigo extrair algo da maioria das pessoas, uma espécie de confiança. Não me pergunte como faço isso, porque não sei. Elas de repente começam a falar sobre pensamentos, sentimentos e opiniões mais profundos comigo. E aí eu posso parar de fingir".

Elli: “Não consigo entender como as pessoas podem achar interessante ficar sentado falando sobre o que você fez durante o dia, o que os outros disseram, o que você comeu no almoço hoje ou ontem, conversas vazias sobre o que você vai fazer no fim de semana e o que fez no fim de semana passado. Não faz sentido isso funcionar como ‘cola social’”.

Emma: “Ouço tanta gente reclamando sobre fotos do cotidiano, fotos de comida e postagens sem graça nas redes sociais. Então você vai para o mundo real e sobre o quê as pessoas estão falando? Sobre isso; exatamente sobre as mesmas coisas”.

Tobias: “Sou perfeitamente capaz de ter opinião própria sobre o clima”.

MENTIR

Chegamos a um dos aspectos mais desafiadores sobre os neurotípicos. Eles acreditam que mentir é normal. Não só contam mentiras como esperam que os outros mintam para eles.

Eles dizem, com frequência, que mentir é errado, mas não estão falando sério. Algumas mentiras são aceitas porque são consideradas necessárias. São as chamadas "mentiras inocentes".

Os NTs usam mentiras inocentes para evitar magoar alguém ou para não revelar aquilo que julgam ser mais do que a outra pessoa consegue lidar.

Podem até dizer para si mesmos que esse tipo de mentira é generosa e atenciosa. Eles imaginam que inverdades usadas para o bem não contam como mentiras.

Se, por exemplo, um NT quiser incentivar uma pessoa nervosa e ansiosa, ele pode dizer: "Você vai se sair bem!". É claro que ele não pode ter certeza disso. Mas ele desconsidera que o interlocutor pode acreditar nele, interpretar isso como uma promessa e ficar decepcionado se essa afirmação não se tornar realidade.

Quanto menos você conhece a pessoa com quem está interagindo, mais aceitável é mentir. Por exemplo: muitos acham completamente normal mentir para alguém que conheceram em um aplicativo de namoro e que não despertou seu interesse. Assim, eles podem inventar uma desculpa para encurtar um encontro e ficar com a consciência tranquila. Seu bicho de estimação está doente; você precisa acordar cedo para viajar no dia seguinte; você precisa encontrar um amigo para entregar as chaves dele. Vale tudo. A maioria não acha isso errado.

Ser indelicado ou deselegante é considerado pior do que mentir. Por isso, os neurotípicos preferem mentir a correr o risco de magoar alguém.

Eles geralmente presumem que a verdade dói. Se estiverem irritados com um autista, podem evitar se abrir sobre isso porque acreditam que a pessoa ficará chateada. Não percebem que o autista preferiria ouvir a verdade e provavelmente não teria problema nenhum em lidar com ela.

O erro que nós autistas cometemos é presumir que todo mundo se comunica com sinceridade. Para nós, a verdade, a autenticidade e a exatidão são importantes, e partimos do pressuposto de que todo mundo funciona desse jeito. Compartilhamos informações da mesma forma que gostaríamos de recebê-las: com honestidade e em detalhes.

Isso raramente é bem recebido pelos neurotípicos.

Se você quer deixar um neurotípico feliz, é melhor não responder honestamente às perguntas sobre a vida particular, roupas, peso ou família dele. Essas perguntas não são questionamentos propriamente ditos, mas sim uma maneira de pedir elogios.

Ter tato é um pouco diferente de mentir. Significa saber quando dar a sua opinião e em quais situações é melhor ficar calado. Também pode significar uma tentativa de amenizar sua resposta. Por exemplo, no caso da pergunta **"Você gostou da comida que eu preparei?"**, existem várias respostas possíveis:

"Não gostei não." A verdade.

"Não gosto muito de couve-de-bruxelas, mas no omelete ficou interessante." Uma demonstração de tato para mudar o foco.

"Sim, estava uma delícia." Uma mentira inocente.

No entanto, os neurotípicos podem confundir desonestidade com ter tato. Podem ter tanto medo da verdade que acreditam que mentir demonstra mais cuidado do que dizer a verdade. Nesse caso, eles se valem de um direito que na verdade não têm: o direito de decidir o que é melhor para a pessoa para quem estão mentindo.

Mentir elogiando também é uma maneira aceitável de navegar pelo cenário social. Os neurotípicos podem elogiar para subir na hierarquia social dentro do grupo do qual querem participar. Paralelamente, podem falar mal dos outros e espalhar rumores falsos para diminuir o status social de outra pessoa.

Ser vítima de uma fofoca pode ser devastador, uma vez que muitos neurotípicos julgam as pessoas que não conhecem com base no que os outros dizem sobre elas e não pelo que sabem por experiência própria.

Em um TED Talk, o pesquisador de desenvolvimento infantil Kang Lee diz que as crianças são mentirosas instintivas e que mentir é uma parte normal do desenvolvimento delas. Isso não é verdade. Algumas crianças mentem mais do que outras, e as crianças autistas mentem com menos frequência do que suas colegas neurotípicas. É tão normal quanto mentir; a diferença é que quem diz a verdade está em menor número do que os mentirosos.

Lee estudou crianças do mundo todo. Então, "por que a maioria das crianças mente, mas não todas?", ele pergunta. "Para mentir bem, é preciso ter bons ingredientes, assim como para cozinhar", diz ele. "Um desses ingredientes é a teoria da mente", Lee explica, que seria a "capacidade de saber que pessoas diferentes têm conhecimentos diferentes sobre uma situação."

"As crianças que começam a mentir mais cedo e com maior grau de sofisticação são as que têm habilidades mais avançadas para ler a mente dos outros. São habilidades de que precisamos para funcionar bem na sociedade", Lee diz. "Assim, se você pega seu filho de dois anos contando sua primeira mentira, em vez de ficar preocupado, você deveria comemorar!", ele incentiva a plateia. "Esse é um sinal de que seu filho chegou a uma nova etapa de um desenvolvimento típico."

A conclusão dele é a de que as crianças que mentem mais são as que mais progrediram em seu desenvolvimento. As crianças que estão entre os 10% e os 20% das que raramente ou nunca mentem não são mencionadas na fala de Lee.

Não dizer uma única palavra sobre o quanto mentir e enganar é imoral com certeza é um absurdo. O TED Talk de Lee parece uma sátira da nossa era da cultura de sobrevivência do mais apto, onde tudo é questão de interesse individual e fachada.

Na maior parte do tempo, os neurotípicos não fazem por mal quando te enganam ou te contam mentiras inocentes. Eles podem estar querendo proteger você da verdade, e fazem isso na maior boa vontade. Para eles, a verdade pode magoar se ameaçar seus sistemas de crenças, por isso eles preferem evitá-la. Só que os autistas geralmente preferem a verdade.

Isso não quer dizer que seriam incapazes de mentir. Nós mentimos. Só não mentimos muito bem.

Os neurotípicos mentem para:

- evitar conflitos ou magoar alguém;
- ganhar poder;
- minimizar a importância de problemas e erros;
- exagerar a própria importância.

Para os neurotípicos, a hierarquia de um grupo tem muito valor. Quem é o líder e quem está abaixo dele? Eles gostam de estabelecer essas coisas rapidamente. Algumas pessoas são consideradas mais importantes e populares em certos cenários, como na família, na sala de aula, no grupo de amigos, no trabalho e até mesmo no mundo.

Os neurotípicos têm dificuldade para decidir por conta própria quem deve ser o líder. Em vez disso, repetem o que acreditam ser a opinião dos outros e prestam atenção naqueles que acreditam estarem em posição mais alta na hierarquia do que eles. Dinheiro, aparência e força física podem afetar o status de uma pessoa dentro de um grupo.

GOSTOU DO MEU CABELO?
HUMM... ESTAVA MELHOR ANTES
ACHO QUE VOU INDO

Você já percebeu que às vezes os neurotípicos elogiam ou criticam uma ideia dependendo de quem a sugere? Exatamente a mesma ideia causa reações diferentes dependendo de quem está falando. Isso acontece porque os NTs não avaliam somente a ideia; eles também consideram o status da pessoa que a propôs. Para eles, isso é tão importante quanto o conteúdo; logo, boas ideias vindas de indivíduos de status baixo podem ser ignoradas, enquanto ideias ruins vindas de líderes de grupos são elogiadas.

Os autistas não sabem fingir. Temos dificuldade de esconder as coisas e a tendência a sermos transparentes. Raramente sentimos vergonha de sermos honestos a respeito dos nossos defeitos, não estamos tão preocupados com o prestígio e podemos compartilhar muita informação pessoal com gente que não conhecemos. Isso nem sempre é bom.

Considerando que interagimos com os neurotípicos como se eles funcionassem como nós, os desentendimentos acontecem. Podemos conhecer alguém que não está pronto para confiar em nós e para falar sobre seus medos mais profundos, e de repente acabamos invadindo sem querer a privacidade dessa pessoa.

Às vezes temos dificuldade para identificar o limite que nos separa dos outros. Podemos ter a sensação de que os sentimentos dos outros são nossos e de que nossas ideias pertencem a todos. Isso pode nos fazer gastar muita energia ajudando pessoas que não fariam o mesmo por nós, e podemos compartilhar nossas ideias com indivíduos que rapidamente tomarão posse delas, levando todo o crédito. Somos ingênuos e confiamos demais; por isso, corremos o risco de sermos explorados por pessoas que não pensam no que seria melhor para nós.

Antigamente eu tinha dificuldade para considerar qualquer coisa motivo de vergonha. Conseguia falar sobre os meus defeitos sem me importar se os outros me julgariam. Tenho um núcleo dentro de mim que ninguém pode alcançar e onde ninguém pode me atingir. Por isso, não importa o que os outros pensam ou dizem. É assim que sempre me senti e pensei. Com o tempo, porém, me tornei um pouco mais cautelosa. Percebi que a minha sinceridade pode me prejudicar.

O humor é uma estratégia de sobrevivência comum para os autistas. Fazer piada sobre as nossas dificuldades pode se tornar um tipo de mecanismo de defesa. Para tirar o peso daquilo que tememos causar estranhamento, fazemos piadas. O segredo é ser o primeiro a fazer piada sobre si mesmo antes que os outros o façam. Não é difícil e existe muito material. Os mal-entendidos que acontecem na comunicação com os neurotípicos geralmente são engraçados. Assim como interpretações literais e associações peculiares.

Muitos autistas são bons em fazer os outros rirem; o humor geralmente está nos detalhes, e nisso somos especialistas. Também estamos acostumados a identificar padrões do comportamento humano, e há muito material bom sobre isso também.

No geral, nem precisamos nos esforçar muito para sermos engraçados; só precisamos ser nós mesmos.

Mas ser o palhaço da turma também pode ser perigoso. As fraquezas que você compartilha brincando podem ser usadas contra você. Podem se tornar munição poderosa para aqueles que querem falar mal de você. E não se importar com a sua reputação pode gerar suspeitas em neurotípicos que se preocupam demais com a própria reputação.

GLOSSÁRIO

Comida e bebida com gosto "diferente" não quer dizer apenas que o gosto não é o esperado; o neurotípico não gostou.

Ser "especial" ou "diferente" não é apenas um modo de descrever alguém, podendo significar também que o neurotípico não fica à vontade perto dessa pessoa.

Quando você dá um presente a um NT e ele responde "Não precisava", não significa que ele não quer o presente. Pelo contrário, ele ficou agradecido por ter sido lembrado e um pouco envergonhado com a atenção recebida.

"Você faria a gentileza de fechar a janela?" A sentença significa que se espera de você uma ação, fechar a janela, e não uma resposta "sim" ou "não".

VOZES AUTISTAS

Fabian: "Depois de mentir, você se sente muito mal".

Teodor: "Eles são tão falsos no jeito como interagem. Dizem uma coisa e fazem o oposto. Falam sem parar sobre o que gostam ou desgostam em alguém, mas suas ações dizem exatamente o contrário. E eles dão conselhos, declarando como as coisas deveriam ser, sem praticar o que pregam".

Naomi: "Eles fazem perguntas para as quais na verdade não querem respostas; eles só querem uma resposta específica".

Michaela: "Na escola, na segunda-feira passada, minha professora perguntou se eu tive um bom final de semana. Quando respondi 'Não, deletei sem querer um personagem em um jogo que tinha passado trinta horas construindo e fiquei muito brava', ela pareceu ficar muito desconfortável. Não conversamos mais naquele dia".

Fabian: "Os neurotípicos parecem se sair melhor sendo alguém ou alguma coisa".

Charlotte: "Minha mãe é o maior pesadelo de um autista. Esqueça a clareza na comunicação — é proibido usar porque é 'indelicado'. Tudo

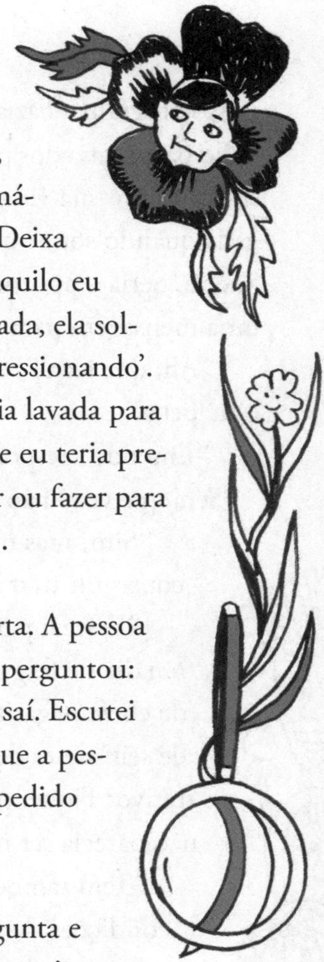

sempre tem que ser amenizado. Quando morava com ela, eu queria lavar a minha roupa. Só que, toda vez que pedia a ela para me mostrar como a máquina de lavar roupa funcionava, ela respondia 'Deixa que eu lavo sua roupa'. Então, nunca podia fazer aquilo eu mesma. Se eu perguntasse quando a roupa seria lavada, ela soltava um suspiro profundo, como se eu a estivesse 'pressionando'. Na verdade, eu só queria saber quando a roupa seria lavada para poder planejar as roupas que usaria. O ideal e o que eu teria preferido seria lavar a roupa, mas não sabia o que dizer ou fazer para que ela me mostrasse como a máquina funcionava".

Michaela: "Estávamos colocando uma placa na porta. A pessoa responsável por colocar a placa virou para mim e perguntou: 'Está torto?'. Eu olhei para a placa, respondi 'Sim' e saí. Escutei risadas no fim do corredor, e mais tarde descobri que a pessoa queria que eu endireitasse a placa. Se ela tivesse pedido isso, eu teria feito, é claro".

Linnéa: "Se uma pessoa próxima me faz uma pergunta e eu sinto que ela não está realmente interessada em ouvir a verdade, pergunto: 'Você quer uma resposta honesta? Se não quiser, não me pergunte. Só vou responder se puder ser franca'. Com conhecidos ou pessoas que mal conheço, tento adivinhar o que eles querem ouvir, para evitar magoá-los. Mas não gosto de mentir, nem mesmo por educação.

"É complicado quando sou eu que pergunto. Espero honestidade, mas sempre recebo respostas educadas. Por isso, sempre esclareço: 'Por favor, pode me dizer a verdade; estou perguntando porque quero uma resposta honesta'".

Holly: "Minha amiga e eu gostávamos da mesma banda e sempre íamos aos shows juntas quando eles tocavam na nossa cidade. Era o nosso programa. Fazia um tempo que não nos víamos; ela tinha se mudado para a casa dos pais em outra cidade e encontrado novos hobbies, substituindo sua vida anterior por uma nova. Por isso, fiquei empolgada quando soube que a nossa banda estava vindo novamente para a Suécia. Seria a oportunidade perfeita para nos encontrarmos! Mandei uma mensagem para ela e perguntei se ela gostaria de ir comigo.

"'Ah, que legal!', ela respondeu. 'Mas acho que vou estar ocupada. Que pena.'

"'Entendo', respondi. 'Mas faltam mais de seis meses para o show. Será que você não poderia se organizar para ir?'

"'Sim, mas o trabalho pode ser um problema, não sei se vou conseguir tirar folga', ela respondeu.

"Escrevi para ela que tinha certeza de que ela teria direito a *um* dia de folga, certo? Fiquei bem indignada por ela. Que tipo de chefe negaria a você um único dia de folga pedido com mais de seis meses de antecedência quando o seu trabalho é administrativo? Fiquei preocupada com o ambiente de trabalho dela — não parecia ser nada bom —, mas ela não esclareceu.

"Tem também a questão do dinheiro', ela disse. 'Não tenho condições de comprar o ingresso.' Sei que eles têm casa própria, trabalhos bem remunerados e um bom carro; além disso, os ingressos não eram tão caros assim. Só que, como não estava a par das finanças pessoais da família, eu não queria fazer suposições. Também não queria perguntar, já que poderia ser um assunto delicado.

"Em vez disso, escrevi me oferecendo para comprar o ingresso dela, para que ela não tivesse que se preocupar com isso. Era muito dinheiro para mim, que estava de licença não remunerada na época. Mas não contei isso a ela, é claro. Valeria cada centavo poder vê-la novamente.

“Foi quando ela explodiu: ‘POR QUE VOCÊ NÃO CONSEGUE ENTENDER QUE EU NÃO QUERO IR A ESSE MALDITO SHOW?’, ela escreveu em letras garrafais. E disse que era insensível da minha parte continuar a pressioná-la.

“Fiquei chocada e perguntei por que ela não tinha dito isso desde o início. Ela respondeu que não queria ferir meus sentimentos. Disse que é o que as pessoas fazem e que eu deveria parar de me fazer de boba. As pessoas mentem para não deixar as outras tristes. Ela ficou muito brava comigo; disse que não gostava de mentir, mas que eu a havia forçado a fazê-lo por ser tão sem noção. De algum jeito, era culpa minha ela ter mentido”.

INSENSIBILIDADE A ESTÍMULOS SENSORIAIS

"Nossa, como você é sensível!" Sendo um autista, você provavelmente já ouviu esse comentário de um neurotípico. Os neurotípicos podem ser bem sensíveis também, mas do jeito deles.

Eles não são hipersensíveis a estímulos sensoriais, o que os permite usar roupas desconfortáveis que irritam sua pele. Não se incomodam com o barulho da geladeira, com carros barulhentos ou com um passageiro no ônibus falando alto no celular. Se chegarem a notar o barulho, conseguem ignorá-lo. Suportam a claridade sem precisar usar óculos escuros, não se incomodam com cheiros fortes e parecem ser indiferentes a mudanças de temperatura.

Não levantam no meio da noite para trocar os lençóis porque aqueles que colocaram na cama estão enrolando e são desconfortáveis contra a pele. Não estão cientes de cada movimento que fazem e do sentimento resultante. Quando desarmam um alarme, seguram na fechadura, empurram-na para baixo e abrem a porta sentindo a corrente de ar que passa por ela, segurando-a para que não bata com força ao fechar; eles não registram a sensação das superfícies em suas palmas e nos músculos das mãos e braços. Simplesmente abrem e soltam a porta automaticamente, sem nem pensar sobre o que estão fazendo.

Podem passar por uma flor perfumada sem parar para cheirá-la. Se recebem um abraço, uma mão nos ombros ou um tapinha nas costas indesejado, a sensação não perdura em seus corpos por horas; eles conseguem ignorar e esquecer aquilo no momento seguinte.

Pode parecer triste. Os neurotípicos perdem a visão de mundo e as experiências fortes e imediatas da criança. Leem livros sobre atenção plena e praticam estarem presentes no aqui e agora. Estar presente no momento é um estado de espírito que eles desejam ter.

Ainda assim, existem vantagens na falta de sensibilidade e na maneira como usam sinais e símbolos. Isso permite que funcionem bem em grupo, o que os ajuda a criar culturas fortes. Durante uma conversa, os neurotípicos podem ouvir o que está sendo dito e ao mesmo tempo processar o significado das palavras. Enquanto identificam a intenção do falante e outras nuances, conseguem ler expressões faciais e notar o que mais estiver acontecendo ao seu redor.

Como conseguem fazer tantas coisas ao mesmo tempo? É bem impressionante — e tudo porque eles filtram seus estímulos. Não ficam paralisados pelo impacto das impressões sensoriais e só registram o mínimo de símbolos. Conseguem calibrar sua atenção. Por esse motivo, não se distraem tão facilmente com coisas como barulhos altos ao fundo ou múltiplas conversas paralelas no mesmo ambiente.

Muitos neurotípicos associam luz e escuridão com estados emocionais. A luz está associada à felicidade, e a escuridão à tristeza. É por isso que os neurotípicos gostam de acender a luz quando nos encontram em um lugar escuro. Eles fazem isso por cuidado, pois se preocupam que a escuridão possa estar nos deixando para baixo.

Eles também têm dificuldade de enxergar bem no escuro e não conseguem imaginar que possamos estar gostando da escuridão. Eles não precisam se recuperar de estímulos sensoriais extenuantes como nós. Assim, só ficam no escuro quando estão doentes ou indo dormir. Uma luz forte de repente não causa dor neles, porque não são hipersensíveis a estímulos sensoriais; por isso, provavelmente vão achar sua reação exagerada.

Se você não consegue fazer o neurotípico em sua vida parar de acender a luz, uma sugestão pode ser simplesmente tirar a lâmpada dali.

Coisas às quais os neurotípicos *são* hipersensíveis:

- se você não fizer contato visual;
- se você quiser ficar sozinho;
- se você não participar da conversa;
- se você usar o tom de voz errado na hora de falar;
- se você não quiser ser tocado;
- se você não quiser comer certas comidas;
- se você usar fones ou abafadores de ruído no meio das pessoas;
- se você apresentar estereotipias em público;
- se você não aderir às mesmas tradições que eles;
- se você questionar a autoridade deles;
- se você os corrigir quando dizem ou escrevem algo errado;
- se você disser a verdade quando não deve;
- se você falar demais sem ser solicitado;
- se você pedir que fiquem em silêncio, uma vez que a maneira como falam te deixa distraído e sobrecarregado.

Muitos neurotípicos podem ficar incomodados se tiverem que ouvir muito sobre o seu interesse especial. É claro que pode ser considerado falta de educação não perguntar *nada* ao seu parceiro de conversa sobre a vida dele; mas os NTs também podem se sentir ameaçados quando você demonstra saber mais do que eles sobre determinado assunto.

Alguns neurotípicos têm tolerância zero para a falta de aptidão social, pois acreditam que os outros agem com motivos ocultos ou intenções maliciosas implícitas. Alguns deles se ofendem com facilidade. Quando falei para o meu namorado NT que suas peculiaridades (hipocondria, na minha opinião) o tornavam uma pessoa difícil, ele passou dias de cara fechada. Ter tentado falar isso como uma afirmação livre de julgamentos, como quem ainda ama do mesmo jeito, não fez diferença alguma. Também não ajudou quando expliquei que eu mesma era difícil. Você não tem o direito de dizer isso, ele pensou.

Aos olhos de alguns NTs, é falta de educação compartilhar qualquer informação sem que seu parceiro de conversa peça explicitamente. Bons conselhos podem ser considerados tentativas de "envergonhá-los". A falta de jeito não é desculpa, pois os neurotípicos presumem que todo mundo é manipulador.

Como consideram a atmosfera de convivência no grupo mais importante do que o verdadeiro conteúdo de uma conversa, eles geralmente ficam entediados se não conseguem participar dela. Para eles, não importa se não sabem nada sobre o assunto; não ficam satisfeitos apenas ouvindo, eles também precisam falar.

Se você fica muito calado em uma conversa, os neurotípicos podem achar que "não está" contribuindo, enquanto você, por sua vez, provavelmente acha melhor ouvir e só falar quando achar que tem algo a dizer.

VOZES AUTISTAS

Carolina: "No aniversário da minha irmã, pensei em retratá-la em um desenho — sou artista e ela sempre diz que gosta muito da minha arte. O retrato ficou bem realista e fiquei bastante satisfeita com ele. Mas, no dia seguinte, minha mãe me ligou perguntando como eu pude ser tão cruel com minha irmã, humilhando-a na frente de todo mundo. Minha irmã estava arrasada achando que eu não gostava dela.

"Não entendi nada.

"Contei para um amigo pintor o que tinha acontecido e perguntei se o retrato tinha ficado tão ruim assim. Ele disse que o problema era que era realista *demais*. Eu a tinha desenhado como era, com todas as linhas e rugas. Pensei que seria natural, pois ela estava com mais de cinquenta anos e aquele era o rosto dela. Mas parece que as pessoas não gostam de ser retratadas como são. Meu amigo disse que eu deveria tê-la desenhado como se ela tivesse vinte anos a menos e fosse um pouco mais magra; mas eu achei a ideia ridícula".

Sara: "Quando meu parceiro neurotípico torce o tornozelo e não consegue andar, por exemplo, ele não quer ouvir conselhos sobre como melhorar mais rápido ou como impedir que aquilo aconteça novamente. Ele só quer que eu seja solidária e diga que sinto muito por ele. Aprendi que isso o faz se sentir melhor".

Casimir: "Percebi que sou diferente, mas isso nunca foi um problema para mim".

REGRAS SÃO REGRAS

É essencial entender que alguns neurotípicos fingem que existem regras rigorosas a serem seguidas quando o assunto é interação social. Eles falam sobre "regras tácitas" que se espera que todo mundo conheça.

Só que, na realidade, as regras mudam constantemente, de acordo com um sistema complicado e incoerente. Uma pessoa autista pode se esforçar uma vida inteira para aprender as regras, mas, considerando que elas estão em constante mudança, essa pessoa estará sempre correndo atrás.

Um dos aspectos mais desafiadores da fase adulta é primeiro aprender quais regras se aplicam e entender quando é possível quebrá-las. Nesse ponto, os neurotípicos costumam ser incoerentes e pouco confiáveis. Se considerarem que certas regras e acordos não têm importância, eles vão desrespeitá-los o tempo todo, de modo arbitrário e difícil de prever. Isso acontece com tanta frequência que é possível dizer que não existem regras.

Por exemplo, os adultos ensinam as crianças a dizer obrigado, a não mentir, e que não precisam abraçar estranhos. Mais tarde na vida, as crianças são ensinadas a fazer exceções a essas regras dependendo do contexto. Um exemplo é que dizer obrigado muitas vezes pode ser considerado irritante; os amigos podem ficar incomodados se você disser a verdade muito abertamente; e espera-se que elas abracem parentes que mal conhecem.

Se você pedir a um neurotípico para explicar uma regra social, pode ouvir as seguintes respostas:

"Conversar nem sempre tem um objetivo";

"É questão de ser educado e gentil";

"Depende da situação";

"Você precisa aprender a interpretar os sinais".

Em outras palavras, não existem regras absolutas.

Antes, porém, existiam mais regras. Em alguns aspectos, era um período mais simples, no qual as pessoas em geral concordavam sobre maneiras comuns de se expressar. Era esperado que você demonstrasse respeito quando conversasse com os mais velhos, autoridades ou pessoas que não conhecia; e você poderia aprender boas maneiras e regras de etiqueta, bem como frases educadas que todo mundo usava. Hoje em dia essas frases praticamente desapareceram, porque decidimos que eram antiquadas e um sinal de desigualdade. O que é considerado boas maneiras nos dias de hoje é muito mais vago e difuso e, portanto, difícil de ser memorizado.

Como os neurotípicos consideram que as regras não são importantes, eles podem ficar irritados se você alegar que quebraram uma. Se você os denunciar por quebrar uma regra quando isso não causou mal a ninguém, eles podem ficar bem chateados e pensar que você é desleal e dedo-duro.

VOZES AUTISTAS

Simon: "Eles insistem em ter regras de comportamento, mas não as seguem. Por exemplo, chegar na hora; a maioria das pessoas não se importa com atrasos".

Hanna: "Eles são sempre pouco claros sobre o que foi decidido; isso me irrita".

Erika: "Eu não entendo. Se estamos conversando sobre combinar fazer alguma coisa mais tarde, por que é tão difícil para as pessoas simplesmente dizerem: 'Vamos fazer a atividade X na hora Y no lugar Z?'. Mas não, tem todo aquele entusiasmo e nenhum plano. E depois eu preciso ser a controladora esquisita que fica insistindo em definir os detalhes".

Karin: "Eles têm dificuldade em dar instruções claras. Se eu peço para esclarecerem ou serem mais específicos, eles não sabem fazer isso e acabam simplesmente repetindo o que já disseram. Se eu dou instruções claras, eles não seguem à risca, só mais ou menos — mesmo sabendo que é importante para mim que façam exatamente o que eu pedi".

COMEÇAR E PARAR

Você já foi chamado de mimado ou ingrato por não se sentar à mesa de jantar quando os outros estão lá esperando? Talvez seus pais tenham feito o seu prato favorito, mas você não consegue largar o jogo ou o livro com qual está envolvido.

Como autistas, a nossa tendência é nos "trancarmos" no que quer que estejamos fazendo e nos fixar mais em nossos pensamentos e interesses do que os outros. Isso ocorre porque podemos hiperfocar e entrar em estado de concentração profunda, difícil de ser quebrado.

Para outras pessoas, pode parecer que somos autocentrados. Mas não somos. Ser autocentrado significa acreditar que você é mais importante que os demais. Nós não acreditamos nisso; só demoramos mais para mudar de foco.

Enquanto uma pessoa autista precisa pensar para poder navegar pela vida, os neurotípicos conseguem fazer várias coisas no piloto automático. Isso os torna flexíveis e abertos a mudanças. Eles conseguem facilmente trocar de tarefa. Mudam de planos sem se sentirem afetados negativamente. Muitos conseguem viver sob grande estresse sem, aparentemente, sofrer por isso.

Mas existe uma exceção: os momentos de crise. Se alguma coisa altera completamente a existência de um neurotípico — como um falecimento inesperado, uma doença ou a perda de um emprego —, então os problemas se acumulam.

Nessas situações, os neurotípicos podem desmoronar e ficar paralisados, porque não estavam esperando que aquilo acontecesse. De repente, eles se veem sem uma categoria pré-pronta na qual classificar aquele evento.

Para os autistas, por outro lado, os neurotípicos parecem totalmente sensíveis a contratempos. Os autistas estão acostumados a não ter categorias pré-prontas e a viver com a consciência de que cada situação é única.

Aqueles que sempre têm dificuldade com o que é fácil para os outros se acostumam a estar em estado de crise permanente. Por esse motivo, muitos autistas são bons em manter a calma e em pensar com clareza durante grandes crises. Eles costumam agir com rapidez e racionalidade, bem como dar apoio aos neurotípicos.

DEMANDA POR MUDANÇAS

Os neurotípicos gostam de mudanças, desde que elas não ameacem seu status no grupo. Eles enxergam as mudanças como sinal de sucesso e melhoria. É como se a variedade fosse um fim em si mesma. Mesmo que encontrem seus pratos favoritos, por exemplo, podem querer cozinhar ou pedir outro prato só para "experimentar algo novo". Para eles, a novidade é mais importante do que aquilo de que mais gostam de verdade.

Eles também gostam de estar próximos dos outros. Como não são hipersensíveis a estímulos sensoriais, gostam de barulho e multidões. Se você for recomendar um restaurante para um neurotípico, é melhor escolher um lugar animado, cheio de gente. Eles não necessariamente se incomodam com a barulheira; pelo contrário, se sentem seguros porque um ambiente movimentado indica que o restaurante tem muita procura. Eles também estarão menos propensos a ter de lidar com o silêncio, que tendem a achar desconfortável.

Os neurotípicos costumam temer serem percebidos como transgressores sociais e podem evitar fazer coisas que realmente querem fazer por medo do que os outros possam pensar. Em nossa sociedade de hoje, o ideal é se colocar em primeiro lugar e priorizar as próprias escolhas independentes; mas os neurotípicos não costumam praticar o que pregam. Eles alegam querer cultivar bons hábitos, enquanto na realidade muitos ficam entediados com a própria rotina.

Os NTs gostam de surpresas. Eles acham empolgante não saber o que vai acontecer; se divertem com a incerteza. Se você quer fazer um neurotípico feliz, pode levá-lo a algum lugar que ele não conhece. Uma pessoa que deseja se preparar antes de ir a um lugar novo pode parecer sem graça para um NT. Muitos deles preferem o imprevisível.

Alguns ficam tão entediados com a falta de empolgação do cotidiano que procuram desafiar a si mesmos em várias atividades físicas como escalar montanhas ou pedalar longas distâncias. Para quem acha que colocar um pé na frente do outro já é um desafio diário, pode parecer absurdo que outros queiram criar dificuldades para si mesmos.

Nós autistas geralmente temos um mundo interior rico e bastante habilidade para nos entreter. Encontramos com facilidade coisas para admirar e não precisamos de muito estímulo externo. Pode parecer que estamos olhando para o nada, mas internamente estamos em plena atividade. Nunca ficamos cansados de nossa própria companhia.

Os neurotípicos não precisam treinar tanto quanto nós para simplesmente existir no mundo. E não precisam mascarar suas dificuldades, porque a sociedade foi feita para eles. Tudo acontece de maneira automática para eles, que não precisam conscientemente aprender coisas como interagir em sociedade.

Eles podem, é claro, se sentir mal e ter vários problemas e condições que complicam suas vidas, mas a neurotipicidade sempre traz certas vantagens (das quais eles raramente estão cientes) em comparação com os autistas.

Eles não precisam se esforçar tanto para nos entender como nós precisamos tentar entendê-los. Eles não se adaptam a nós. Não precisam fazer isso, porque são a maioria.

Os autistas jovens costumam ser treinados para ter boas maneiras. Alguns treinadores, bem-intencionados, querem ensinar aos autistas como devem se comportar. O problema é que, ao tentar demonstrar como ser perfeito, essas pessoas impõem exigências absurdas. O autista precisa ser treinado para chegar a um nível de agilidade social e de sensibilidade apurada que raramente é exigido daqueles que não se considera que precisam aprender isso. Outras exigências podem ser acrescentadas, e poucos são os que conseguem cumpri-las.

Por exemplo, uma vez escutei uma entrevista no rádio com uma mulher autista que era palestrante. Ela procurou a ajuda de uma neurotípica bem-intencionada que a ensinaria a pensar em meios de se apresentar melhor. Havia todo um código de vestimenta que a autista deveria seguir. Sandálias não eram apropriadas para palestras, nem camisetas. De repente as exigências feitas à autista eram enormes, mas ainda assim ela aceitou tudo que ouviu sobre como deveria ser sua aparência.

No entanto, muitos neurotípicos não vivem de acordo com essas exigências, podendo muito bem dar palestras usando camisetas. Eles não seguem códigos de vestimenta rigorosos. (Mesmo quando provavelmente deveriam seguir.)

Meu argumento é: você não precisa ser perfeito. Você se esforça muito todos os dias, e isso é suficiente. O ideal neurotípico de ter um amigo, colega ou parceiro sem defeitos é uma coisa que eles mesmos não personificam. É exatamente isso: um *ideal,* que não se baseia na realidade. Fazer isto é suficiente: agradeça, peça desculpas se falhar com alguém, trate os outros como gostaria de ser tratado e não use o modo como você funciona como desculpa para se comportar mal. Entretanto, o modo como você funciona *pode* servir de explicação para o fato de fazer coisas de um jeito diferente.

Se você prestar muita atenção aos neurotípicos que querem te mudar, isso pode prejudicar a sua autoestima e você pode passar a acomodar as vontades dos outros com tanta frequência que vai acabar se apagando. Os NTs costumam ter boa intenção, mas são um pouco arrogantes em suas crenças de que todo mundo é como eles e de que o jeito deles de fazer as coisas é sempre o melhor.

Por outro lado, também há uma vantagem importante em todo o tempo que você, sendo um autista, passou aprendendo sobre interação social. Toda essa prática permite que conheça a si mesmo. Você sabe como funciona, do que precisa, quais são seus gatilhos e o que o acalma, do que gosta e do que não gosta. Pode parecer óbvio, mas são poucos os neurotípicos que se conhecem tão bem assim. Eles não entendem as próprias reações, impulsos, fraquezas, forças e sentimentos. Se você não sabe de onde essas coisas vêm, não é capaz de comunicar suas necessidades aos outros nem de fazer as mudanças necessárias para que possa se sentir melhor.

Eles não precisaram se esforçar tanto assim. Mas você precisou. Por isso, sabe muito sobre si mesmo.

Conhecer a si mesmo é uma grande vantagem quando se está construindo relacionamentos. Isso permite que você diga às outras pessoas como funciona e do que precisa. Só de fazer isso você criou a base para um entendimento mútuo. É claro que o oposto também é verdade: você precisa escutar o que a outra pessoa lhe diz sobre si mesma e ser capaz de ceder.

Tem gente que diz que ser autista é um superpoder. Nem sempre é fácil acreditar nisso quando se convive com o autismo todos os dias. Mas quer saber o que realmente *é* um superpoder? *Saber* que é autista.

Você não pode mudar as coisas que não sabe ou que não quer admitir. Mas aquilo que você sabe pode ser usado para se defender e evitar situações difíceis. Acima de tudo, você pode administrar e poupar suas energias.

Pare, respire e sinta. Aperte seu brinquedo antiestresse (*fidget toy*), coloque sua música favorita e seus fones e escute-a de novo e de novo, encontre um lugar tranquilo, não fale, pense. Espere e respire. Em seguida, aja.

SERÁ QUE PRECISAMOS ENTENDÊ-LOS?

“Em um mundo perfeito, [...] eu não precisaria aprender a falar de modo que uma pessoa neurotípica não se ofenda sem necessidade. Mas não vivemos em um mundo perfeito”, diz Kassandra, uma participante autista da série documental da Netflix *Amor no espectro*.

Ela está certa. O mundo não é perfeito. Nós autistas não somos julgados de maneira justa nem compreendidos, embora devêssemos ser. Para viver neste mundo, precisamos nos adaptar, porque os neurotípicos são muito mais numerosos que nós. A vida é mais fácil para quem é neurotípico. Dizer qualquer outra coisa seria mentira.

Será que precisamos gastar tanta energia tentando entender o jeito como os neurotípicos pensam? Sim e não. Se você quiser, pode enxergá-los de maneira negativa, é claro, como clones carentes, cheios de preconceitos e noções preconcebidas. Porém, nós vamos encontrá-los em todos os aspectos da nossa vida e temos muito a ganhar quando os compreendemos.

Isso não quer dizer que você deve negar seu eu verdadeiro e passar a vida se escondendo atrás de uma máscara. Tentar suprimir o seu autismo é um jeito horrível de viver, que vai minando suas forças e causando ansiedade e depressão. Isso nunca funciona no longo prazo. O autismo virá à tona cedo ou tarde.

O objetivo não é que você se adapte aos neurotípicos; porém, para que possa aproveitar o máximo da vida, você vai precisar entender o modo como eles funcionam, porque a maioria dos professores, amigos, colegas, empregadores, vizinhos e outros conhecidos que encontrar será formada por neurotípicos. Interagir tranquilamente com eles pode te ajudar a ter a vida que deseja.

Não estou querendo dizer que você precisa mudar ou tentar ser quem não é, e sim que deve estar preparado para o que vai encontrar pela frente.

DICAS PARA O COTIDIANO

Quando sair da casa dos seus pais, procure um lugar simples para morar. Não compre muitas coisas nem adote animais de estimação; não exagere nos projetos de decoração. Não faça reformas. Porém, isto aqui é importante: se tiver dificuldade para tomar banho porque o jato de água machuca sua pele e a mudança de temperatura entre quente e frio é dolorosa, procure um lugar que tenha uma banheira. Se escovar os dentes é um desafio e sua escova elétrica for muito barulhenta, compre uma que funcione com bateria, pois elas fazem menos barulho. É bom investir em brinquedos antiestresse e no seu cantinho do silêncio. Cobertores ponderados (são aqueles mais pesados, o que pode ajudar a relaxar e a ter um sono mais tranquilo) e sapatos sem cadarços também são ótimos. Além disso, você pode tentar usar uma arara de roupas e, uma vez por semana, selecionar e pendurar as peças que vai usar nos próximos sete dias.

Se você morar em uma cidade e tiver condições financeiras, pague por um serviço de limpeza e contrate um serviço de entrega de comida em domicílio. Se não tiver como bancar isso, crie um cronograma de limpeza no qual você não precise fazer tudo de uma vez e possa dividir as tarefas em dias diferentes. Segunda-feira, limpar o banheiro; terça-feira, passar o aspirador etc. Crie também um planejamento de refeições para todos os dias da semana, incluindo uma lista de ingredientes a serem comprados. Siga o cronograma à risca; isso vai ajudar a aliviar seu cérebro. Você também pode preparar marmitas, e assim só precisará cozinhar uma vez por semana.

Serviços gratuitos que utilizam inteligência artificial, como o Goblin Tools, podem ajudá-lo a dividir projetos grandes e intimidadores em pequenas etapas e tarefas. Essa ferramenta também cria uma lista de afazeres para cada tarefa.

Aproveite a JOMO* — a alegria de ficar de fora. Fique em casa. Não acredite no mito de que você precisa ficar pulando de atividade em atividade para ser uma pessoa moderna. Molde sua vida de acordo com as suas necessidades, livre-se de coisas e de obrigações e proteja tudo o que te faz sentir bem. Ouse não participar de coisas grandiosas. Você não precisa aguentar tudo. Faça só o que quiser, no seu ritmo.

É claro que os nutrientes são importantes, mas comer a mesma coisa com frequência não vai te matar. Não se sinta envergonhado se suas opções de refeição são restritas. No mundo atual, as pessoas se preocupam demais com saúde, comida e dicas de alimentação. Não tem problema algum em sobreviver comendo sanduíche. A "comida de sempre" é acolhedora e reconfortante. Nem tudo precisa ser variado o tempo todo. A vantagem de produtos como biscoitos água e sal, batata chips e biscoitos de arroz é a previsibilidade; sempre terão o mesmo gosto. Frutas e legumes, por outro lado, podem ter gostos completamente diferentes dependendo da época, do amadurecimento, da temperatura etc. Não vai causar tanto estranhamento se você preferir evitá-los.

Suspeite de serviços que alegam ensinar a estruturar o dia a dia e a administrar uma casa. Lembre-se de que ordem e estrutura são interesses especiais para pessoas que comandam esses negócios e serviços. Isso os torna especialistas em criar novas obrigações que você nem sabia que existiam, podendo aumentar o peso de suas responsabilidades,

* JOMO significa "joy of missing out", que pode ser traduzido como a alegria de não participar. É o oposto de FOMO, que significa "fear of missing out" (o medo de estar perdendo alguma coisa). (N.E.)

ao invés de simplificar a sua vida. Nunca me senti tão sufocada como quando tentei visitar o chamado "apartamento-modelo", usado como demonstração para pessoas com condições de neurodesenvolvimento. A começar pela cozinha, que era cheia de sinalizações, com instruções e advertências que nunca tinham passado pela minha cabeça. Saí de lá me sentindo um fracasso ainda maior do que antes — eu, que nunca limpo o exaustor do fogão e não uso nenhum sistema para guardar alimentos secos.

VOZES AUTISTAS

Lenka: "A agenda deles está sempre cheia de atividades, viagens e encontros sociais. Não tem um dia livre de tarefas na sua programação. No trabalho, gostam de falar sobre suas aventuras e viagens. Mas eu? Minha agenda geralmente está vazia, sem viagens planejadas. Sem atividades diárias. Festa hoje? Não, obrigada, vou me recuperar. Preciso de um pouco de paz e silêncio, um tempo para relaxar e talvez ler um pouco. Preciso recarregar minhas baterias para estar pronta para trabalhar de novo".

Henrik: "Percebi que eles não aguentam ficar longe do trabalho. Mesmo quando estão doentes, dizem que é muito difícil porque ficam loucos para voltar. É sério? Tipo, você enlouqueceu? Por mim, tudo bem. Posso ficar em casa sem problemas. Preferiria ficar em casa pelo resto da vida".

Ira: "Eu gostaria de falar sobre como é ser autista na Suécia sendo natural de outro país. É uma luta diária. Por exemplo, quando quero verbalizar uma frustração e tento fazer do 'jeito sueco' — sabe, com gentileza e delicadeza —, ninguém me leva a sério. Mas, quando sou mais direta com relação às minhas necessidades sem ser grosseira, ainda assim pareço rude. E depois me perguntam por que eu não tinha falado nada antes. Fico brava com isso; é impossível acertar".

INTERESSES GERAIS

Os neurotípicos raramente desenvolvem interesses especiais de verdade. É claro que eles podem se interessar por coisas como mitologia grega, polvos, os Tudors, código Morse ou animes; porém, os interesses deles costumam ser temporários e gerais, porque ficam entediados rapidamente. Podem ter interesses, mas é raro serem completamente absorvidos por eles. Geralmente não estão dispostos a investir o tempo necessário para se aprofundar intensamente naquele assunto. Depois de um tempo, se cansam e começam a desejar ter companhia e variar os assuntos.

Alguns neurotípicos chegam a fingir interesse em uma coisa só para fazer parte de um grupo — principalmente se envolver uma atividade coletiva. Para eles é mais importante estar no mesmo lugar, interagindo com os outros, e não o que eles fazem juntos. Seus interesses podem vir tanto de um grupo do qual participam quanto de si mesmos.

Assistir a uma série de TV ou a um filme junto com um NT pode ser difícil. Ele pode ter dificuldade para entrar na história e se concentrar completamente nas imagens, músicas e diálogos. Eles não se deixam envolver e serem absorvidos. Muitos gostam de falar enquanto assistem ou pausam o filme para pegar comida. Pode ser que tenham dificuldade para se lembrar de falas do filme ou das séries depois. É como se não se importassem de verdade com isso.

Um motivo para essa falta de interesses especiais é o fato de não se orientarem tanto pelos detalhes quanto os autistas. Eles não percebem coisas pequenas porque seu foco está no todo. Esquecem nomes, não conseguem se lembrar do que foi dito em uma conversa e não reparam em detalhes importantes que, para eles, se perdem na totalidade. Isso pode fazer com que tenham dificuldade para serem precisos. Uma coisa se mistura à outra, tornando-se meio que uma sopa quando se comunicam. Considerando o quanto é pequena a exigência de conhecimento detalhado na escola e no trabalho, eles não consideram isso um problema.

Ele podem pensar que a preocupação dos autistas com detalhes é estranha, até mesmo desnecessária; uma questão secundária ou trivial. O que eles raramente conseguem entender é que o que começa como um detalhe se torna o todo quando o autista hiperfoca em seu interesse especial.

Pense um pouco. Vamos supor que o seu interesse especial como autista seja o axolote-mexicano. Você aprende os nomes latinos de todas as espécies do gênero salamandra.

Os neurotípicos ao seu redor podem achar isso um conhecimento desnecessário, que você não vai "usar" para nada. Mas você só descobriu o básico. Continue! Busque ainda mais detalhes. Aprenda como a temperatura da água e os níveis de oxigênio podem influenciar na relação entre os pulmões, as brânquias e a pele do axolote quando ele respira; estude o sistema antigo dos canais e lagos perto da Cidade do México, que constituem o habitat do axolote; e pesquise sobre a língua asteca náuatle, que deu origem ao nome "axolote". Agora você obteve um conhecimento mais geral de biologia, ecologia e história. Continue! Pesquise sobre o trabalho da União Internacional para a Conservação da Natureza para listar espécies e plantas ameaçadas de extinção.

E o que aconteceu agora? Bem, você passou do nível de detalhamento extremo para o geral. Seu conhecimento aumentou. Passo a passo, reunindo e decifrando detalhes, você montou o quebra-cabeça. O panorama geral — o todo — surgiu.

O axolote é encontrado na região do Lago Xochimilco, no México
A maioria das salamandras vive em ambientes terrestres

É um jeito de adquirir conhecimento que demanda muito tempo, mas é completo. A maioria dos neurotípicos não tem a paciência necessária. Eles leem algumas informações gerais e adquirem uma noção básica.

Aqueles que, como os autistas, reúnem muitas informações também descobrem padrões. Os autistas costumam ser descritos como pessoas que "buscam padrões" ou que "encontram padrões". E o que é o padrão senão um tipo de todo?

Mesmo quando não compreendemos automaticamente ou intuitivamente certos aspectos do comportamento humano, podemos aprender reunindo informações sobre o que os outros pensam, sentem e fazem. Podemos pesar, medir e estabelecer probabilidades e cenários em volta disso. De repente, um padrão maior surge e talvez notemos algo que passou despercebido pelos outros.

Considerando que os neurotípicos não acreditam que os detalhes sejam cruciais, podem se ofender quando são corrigidos com relação àquilo que julgam "trivial". Não é tão importante para eles acertar. Aos olhos deles, o mais importante é não passar vergonha. Se você diz "banana não é fruta, é uma baga", eles se sentem criticados e atacados, como se você os tivesse chamado de burros.

DICAS SOBRE AMIZADES

Conheça outros autistas. Procure outros indivíduos autistas para obter apoio. Leve em consideração as experiências e os conselhos dos outros. Não se compare aos neurotípicos. Eles operam em uma frequência diferente. Provavelmente você não vai ter a mesma opinião que eles com relação àquilo que é difícil, entediante ou cansativo.

Cerque-se de pessoas de mente aberta — tanto nas amizades como na vida amorosa. Se os neurotípicos identificarem segundas intenções que não existem na sua fala ou se irritarem com você sem motivo, pergunte a eles o que aconteceu. Explique como você funciona. Pode ser difícil para eles entenderem; porém, se depois de algumas tentativas você não estiver sendo ouvido, talvez seja o momento de questionar esse relacionamento.

A quantidade de amigos que você tem com certeza não importa. Escolha com cuidado.

Não ligue para as pessoas que dizem que o autismo recebe atenção exagerada. Essa afirmação é baseada na ignorância e vem de pessoas que não toleram o fato de que nem todo mundo é como elas. O motivo pelo qual se fala mais sobre o autismo hoje em dia tem a ver, por um lado, com o aumento do conhecimento sobre o assunto e, por outro lado, com o fato de a sociedade ter se tornado mais eficiente e exigente, dando mais visibilidade aos autistas. Foi por isso que passamos a chamar mais a atenção.

Também não dê ouvidos àqueles que, por acreditarem que estão sendo tolerantes e abertos, querem negar a sua diferença. Na realidade eles estão incentivando uma forma de apagamento.

Como distinguir as brincadeiras entre amigos do bullying? Nada na lista a seguir deve ser aceito:

- ridicularizar, diminuir ou xingar uma pessoa "de brincadeira";
- bater ou apalpar;
- ameaçar;
- inventar mentiras sobre alguém, fazer fofoca ou revelar segredos alheios;
- roubar coisas que pertencem a outra pessoa;
- excluir outra pessoa.

CONDICIONAMENTO SOCIAL PARA NEUROTÍPICOS (OU COMO FAZER UM AUTISTA GOSTAR DE VOCÊ)

- Faça menos contato visual durante as conversas.
- Só faça perguntas se quiser uma resposta honesta e detalhada.
- Diga exatamente o que quer dizer. Não dê indiretas. Não esconda as coisas e não presuma que uma coisa está "implícita" ou é "óbvia".
- Converse sobre um assunto específico em vez de ficar jogando conversa fora.
- Permita que associações sejam feitas. Não tenha medo de detalhamentos profundos e digressões.
- Lembre-se de que fatos interessantes nunca são demais em uma conversa.
- Demonstre empatia compartilhando suas experiências e casos pessoais relacionadas àquilo que estiver discutindo. Fazer isso não é o mesmo que ser autocentrado.
- Seja responsável e não descumpra acordos, não importa o quanto possam parecer pequenos ou triviais para você. Se você prometeu chegar às dez horas da manhã com duas bananas, não apareça às 10h15 com três maçãs.

- Ouse se aprofundar e ser generoso com o que compartilha sobre si mesmo. Não se esconda atrás de uma fachada.
- Ajude com tarefas práticas que são automáticas para você.
- Se estiver com uma pessoa autista que se fechou ou está tendo uma crise explosiva, deixe-a quieta e não encoste nela. Fique por perto, espere o tempo que for necessário. Tente não ficar com raiva ou levar o comportamento dela para o lado pessoal. O que está acontecendo é causado por um cérebro sobrecarregado, e não é raiva direcionada a você pessoalmente.
- Esteja aberto a receber uma enxurrada de informações. Permita que o autista fale com profundidade sobre seu interesse especial. Quando não estiver mais interessado, basta dizer isso a ele.
- Escute ativamente e tente registrar o que está sendo dito.
- Interprete o que foi dito e não o que está nas entrelinhas. Pratique diferenciar a realidade (o que foi dito) da imaginação (o que você acha que o autista quis dizer, mas não disse).
- Se você for um educador trabalhando com crianças autistas: rebele-se sempre que possível. Se se sentir restringido por diretrizes e objetivos adaptados às crianças neurotípicas, ignore-os. Não dê importância à burocracia da escola. Você provavelmente sabe quais são os métodos de ensino que funcionam melhor na prática. Siga-os. Ninguém vai notar.
- Se estiver em uma festa ou em outro ambiente barulhento com um autista que está começando a se sentir sobrecarregado, ajude-o a sair de lá.
- Nunca, jamais, use uma tela em público sem fones.

Se você é um neurotípico que quer melhorar sua interação com os autistas, pratique compreender que existem pessoas que se comunicam sem que haja segundas intenções. Preste atenção aos sentimentos de irritação e de estar sendo injustamente atacado que experimenta quando um autista o corrige. Em seguida, tente não reagir com indignação ou rancor passivo-agressivo. Tente dar risada, por exemplo. Ou agradecer a pessoa por te ensinar uma coisa que você ainda não sabia. Não é tão ruim assim quando alguém lhe diz que se escreve "obsessão" e não "obcessão", e que Plutão não é mais considerado um planeta. Você consegue lidar com isso.

Pratique se familiarizar com suas inseguranças e tendências a se sentir injustiçado. Quando um autista o corrige, não é porque quer estar sempre certo, e sim porque tem a sensação de que precisa *fazer as coisas direito*. E por que isso é importante? Para que a vida dele seja administrável e, acima de tudo, coerente.

Não tem nada a ver com ser grosseiro ou se achar especial.

AMAR E DIZER O OPOSTO DO QUE SE QUER DIZER

Estar em um relacionamento romântico com um neurotípico nem sempre é fácil. Alguns autistas preferem namorar outros autistas, embora não existam garantias de que o relacionamento vai dar certo, é claro. Pode haver um entendimento recíproco muito bom; mas, ainda assim, você pode ficar incomodado com traços de personalidade muito parecidos com os seus.

Em relacionamentos românticos, os NTs podem se tornar ainda mais neurotípicos do que de costume. É como se as suas peculiaridades fossem amplificadas. As exigências que eles fazem para que você consiga ler a mente deles e entender quando querem dizer o contrário do que disseram podem se tornar ainda mais rígidas, com ainda mais mensagens implícitas, subentendidas, mentiras e meias-verdades. Estar em um relacionamento com um neurotípico pode ser desafiador, para dizer o mínimo. Mas é possível.

Geralmente eles sentem grande necessidade de intimidade física e de validação emocional. Podem ter dificuldade para entender que são amados sem que você fique constantemente dizendo isso a eles. Se você quer que o relacionamento dê certo, vai precisar se repetir bastante.

Alguns neurotípicos têm uma enorme necessidade de se sentirem validados. São como um balde furado: não importa o quanto de água você despeje nele, sempre vai estar seco. As necessidades deles podem ser quase impossíveis de serem supridas. Se, ao mesmo tempo, forem bastante sociáveis e ficarem com ciúme dos interesses especiais do autista e de sua necessidade de ficar sozinho, pode ser difícil de fazer o relacionamento funcionar.

Se você não sente tanta necessidade de ser validado emocionalmente, pode não ser capaz de identificar essa carência no neurotípico. Eles têm dificuldade de falar com clareza sobre o que precisam sem fazer digressões ou rodeios. Podem achar que você deveria ser capaz de "perceber" como se sentem e "deveria saber" quando estão tristes. "Não se preocupe comigo" pode significar o contrário: "preocupe-se comigo *sim*". Eles esperam que você tenha consideração e supra as necessidades deles, justamente porque te pediram para não fazer isso.

Você jamais deve levar a sério os neurotípicos que dizem que "não precisa" comprar presentes de aniversário ou de Natal. Eles geralmente querem dizer o contrário disso; portanto, compre alguma coisa para eles, por garantia. O motivo pelo qual eles insistem em fazer isso e não conseguem simplesmente dizer que ganhar um bom presente os deixaria feliz ainda é um mistério.

Os neurotípicos podem ter uma grande necessidade de se "aconchegarem". Gostam de se sentar perto no sofá, ficar de conchinha depois do sexo, fazer e receber massagem nas costas e acariciar o seu antebraço. Às vezes é como se quisessem te tratar com uma espécie de bicho de pelúcia. Podem ficar magoados se você não quiser manter essa proximidade por muito tempo. É importante explicar para eles que isso não significa que você não os ama. Às vezes eles entendem, às vezes não.

Para os autistas que são hipersensíveis a estímulos sensoriais, o toque precisa ser calibrado para ser bom. Um toque gentil pode fazer cócegas ou causar desconforto, então um toque firme costuma funcionar melhor. Obviamente, você vai precisar explicar isso ao seu parceiro neurotípico.

Os autistas têm várias maneiras de demonstrar amor com as quais os neurotípicos nem sempre estão familiarizados. Você tem que ensinar isso a eles.

Chateada? Não estou chateada.

APRENDA A RECONHECER A LINGUAGEM DO AMOR DO SEU AUTISTA

Enxurrada de informação: vamos te contar tudo sobre os nossos interesses especiais, pois eles nos deixam felizes e queremos dividir essa alegria com você. Se você não estiver disposto a ouvir na hora, é só dizer.

Sozinhos juntos: tendemos a gostar de ficar perto sem interagir. Queremos estar no mesmo cômodo que você, ainda que seja para fazer coisas diferentes. Um de nós pode estar no computador enquanto o outro está lendo um livro.

As convenções sociais podem nos sobrecarregar, mas demonstramos nosso amor querendo o outro por perto e dividindo o nosso espaço.

Presentes: como nos lembrarmos de detalhes, muitos de nós são bons em dar presentes que combinam com a personalidade e os interesses do outro. Se você mencionou que gosta de mel, castanha sem casca, brincos grandes ou da série de videogame *Dragon Age*, nós vamos lembrar.

Fazer estereotipias juntos: gostamos de regular e calibrar nossas emoções por meio de estereotipias, que envolvem fazer movimentos repetitivos, cheirar, tocar, cantar ou reproduzir sons. São coisas que podemos fazer juntos.

DICA: Compre um presente.

Ajuda e apoio: para nós, as ações valem mais do que palavras. Priorizamos as soluções e vamos ajudar você quando precisar. Talvez listemos uma série de soluções práticas para seu problema antes de perceber que você só queria nossa solidariedade e apoio emocional. Por outro lado, somos extremamente leais e ficaremos ao seu lado. Como estamos acostumados a enfrentar desafios, não desistimos tão fácil.

VOZES AUTISTAS

Henrik conheceu sua namorada no fim do ensino médio. Ela também é autista, e o começo do relacionamento foi bem peculiar.

"Me apaixonei por ela na hora, perdidamente. Ela gostava de mim como amigo e nada mais. Ela nunca tinha se apaixonado. Sabia o que as pessoas sentem, mas nunca tinha sentido nada parecido. Até que chegou uma hora em que nós conversamos sobre o que é o amor. O que significa amar alguém. Eu disse: 'É quando você quer ficar perto da pessoa o tempo todo'. E foi nessa hora que ela percebeu que me amava, e ela me falou. Mas ela não chegou a *se apaixonar*; nós pulamos direto de amigos para casal. Você não precisa estar completamente obcecado pela outra pessoa no começo".

Henrik namorou pessoas neurotípicas, mas acha mais fácil estar com alguém que também é autista.

"Nós entendemos um ao outro e nossas respectivas dificuldades. Nós dois temos dificuldades com a arrumação da casa e com lavar a louça; por isso, nossa casa tende a ser bagunçada. Eu entendo como ela se sente quando não tem energia para fazer essas coisas. Muitos casais podem brigar por isso, mas eu entendo. E ela também é compreensiva com as minhas peculiaridades e o jeito como eu funciono. Atualmente o interesse especial dela são as *fanfictions* do Harry Potter; ela é capaz de falar sobre isso por horas, e eu escuto."

Fabian: "Eu não estava satisfeito com os estudos. Mas, no primeiro ano do ensino médio, conheci minha namorada. Ela alegrou a minha vida.

"Assim que a vi, soube que ela era de verdade. Ela veio na minha direção segurando uma caixinha de doces, e eu falei... 'Nossa, obrigado!'. Era uma caixinha de origami que ela tinha feito na aula de arte e design naquele dia. Dali em diante, começamos a conversar sobre nossos interesses em comum — *anime*, filmes e cachorros. Ela queria ver um filme, e eu disse que tinha em casa.

"'Se quiser, podemos assistir na minha casa', sugeri. Eu disse 'se quiser'; não forcei a barra nem nada. Ela foi de ônibus até a minha casa. Acabamos assistindo só metade do filme, porque o pai dela viria buscá-la.

"Quando fui deitar naquela noite, não conseguia dormir e no dia seguinte não estava com fome. Sabia o que estava sentindo.

"Tirando pela minha namorada, não fui muito feliz na época da escola. Às vezes penso que começaria tudo de novo se pudesse. Mas aí eu não teria conhecido minha namorada. É um paradoxo".

Paula: "Vou falar sobre um relacionamento que tive. Nós brigávamos muito, e na maior parte do tempo eu nem sabia por que meu parceiro estava tão irritado. Uma vez, eu ia viajar [da Suécia] para Nova York e perguntei se ele queria que trouxesse alguma coisa. Ele disse que 'não', não queria nada. Por isso, eu só trouxe para ele um ímã de geladeira que comprei no aeroporto na volta. Ele ficou muito chateado e decepcionado quando cheguei em casa. Para mim, ao contrário, eu trouxe várias coisas. Ainda não entendo como alguém pode ficar tão chateado por isso.

"A mesma coisa aconteceu no Natal, quando ele disse 'Não sei o que eu quero de presente'. Então eu comprei para ele uma fragmentadora de papel, já que ele insistia em rasgar a correspondência em mil pedaços antes de jogar fora. Achei que arrasaria. Mas não, foi outro fracasso. Já eu ganhei presentes ótimos, porque tinha falado para ele exatamente o que queria ganhar".

Sara: "Trabalhei em um albergue por um tempo quando tinha 21 anos. Muitos hóspedes gostavam de conversar, e eu gostava de ouvir as histórias de vida das pessoas. Às vezes, depois do expediente, os funcionários saíam com os hóspedes para tomar um café ou uma cerveja e mostrar a cidade. Teve um turista que me procurou e sugeriu que nos encontrássemos depois do trabalho. Outro funcionário ouviu o jeito como ele falou, deu um sorriso irônico e levantou as sobrancelhas para mim, mas eu não entendi o motivo. O turista perguntou se eu sabia de alguma festa legal. Eu não sabia. Mas eu poderia fazer um jantar sueco para nós. Então, quando meu expediente terminou, fomos para a minha casa. Assim que chegamos, percebi que ele queria me beijar. 'Mas eu tenho namorado', eu disse. Ele ficou muito bravo; aparentemente, eu deveria ter mencionado isso antes".

DICAS SOBRE AMOR

Tente encontrar uma pessoa carinhosa, que valorize os seus pontos fortes. As coisas *podem* dar certo com um neurotípico, mas precisa ser alguém que entenda diferentes formas de funcionamento ou que esteja disposto a aprender de verdade.

A escolha é sua. Não se contente em estar com alguém só porque foi escolhido e por achar que namorar é desafiador.

E, mais importante, o seu parceiro NT precisa entender o seguinte:

- ter dificuldade para começar e terminar algumas coisas não é ser preguiçoso;
- ter sobrecarga sensorial não é ser "dramático" ou "hipersensível";
- evitar fazer contato visual não é a mesma coisa que não se importar;
- ter uma crise explosiva não é o mesmo que fazer drama para receber atenção;
- precisar se recuperar e querer ficar um tempo sozinho não é sinal de que você o ame menos.

Seja honesto sobre suas necessidades desde o início. Se for morar com um parceiro neurotípico, você provavelmente não vai ser capaz de dividir igualmente com a pessoa as tarefas e obrigações; por isso, vai precisar estar com alguém que aceite trabalhar mais ou fazer mais coisas em casa do que você. Em contrapartida, você vai compensar compartilhando fatos interessantes da sua cadeira em frente ao computador e vai cuidar dos aspectos de morar junto que requerem a teimosia de uma pessoa autista. Explique que você não vai mudar com o tempo e que o autismo não pode ser curado com força de vontade. É importante fazer seu parceiro entender que você não o ama menos só porque às vezes precisa se isolar ou não quer contato físico.

Os autistas são especialistas em flertar sem querer. Mais de uma vez conheci neurotípicos que compartilhavam dos meus interesses especiais e fiquei tão feliz que queria conversar com eles o tempo todo. Sempre fico surpresa quando percebo que meu jeito empolgado de conversar foi interpretado como flerte. Então, se a mesma coisa acontece com você, lembre-se: alguns neurotípicos não entendem que o nosso principal interesse está no tema da conversa. Eles podem interpretar mal e achar que você está interessado neles.

Desenvolva uma vigilância saudável contra as pessoas. Não acredite em tudo o que as pessoas que acabou de conhecer lhe disserem; não presuma que estão dizendo a verdade. Infelizmente, os autistas são enganados, explorados e abusados sexualmente com mais frequência do que a maioria das pessoas. Pessoas desonestas escolhem suas vítimas cuidadosamente e têm uma habilidade impressionante para enredar autistas, porque a nossa dificuldade de identificar mentiras nos torna presas fáceis.

As pessoas são capazes de mentir descaradamente, sobretudo se estiverem protegidas pelo anonimato do ambiente virtual. Lembre-se de que existem diferentes níveis de amizade; algumas pessoas são simplesmente conhecidas. Só confie em quem conhecer bem.

APRENDIZADO

— Está vendo a floresta ali?

— Não, tem umas árvores na frente.

Essa é uma piada antiga que brinca com os diferentes modos de adquirir conhecimento. É comum os autistas não enxergarem a floresta por causa das árvores, enquanto os neurotípicos veem a floresta primeiro para depois descobrir que ela é feita de árvores.

Quando **Henrik**, que é autista, começou a faculdade depois do ensino médio, se habituou a filmar as aulas. Se escutasse apenas uma vez, ele achava que era muita informação para processar, não importava quantas anotações fizesse durante a aula. Ele ficava preso nos detalhes e não conseguia acompanhar. Porém, se gravasse cada aula, podia assisti-las na tranquilidade e no silêncio de sua casa.

Henrik estudou engenharia em um curso de meio período. Mas o tempo que passou na universidade foi desafiador. Durante as aulas, não conseguia ouvir e tomar nota ao mesmo tempo. Pedir as anotações de outros alunos emprestadas não dava certo porque ele não conseguia seguir a linha de raciocínio deles. O que mais o ajudou foram as gravações.

"Foi por isso que comprei uma câmera e comecei a gravar as aulas com a autorização dos professores. Assim eu poderia pausar e voltar enquanto reassistia.

"Sou muito bom em absorver muita informação condensada. Mas tem um limite. Em duas horas eu consigo absorver três vezes mais informações que um neurotípico. Depois disso, acabou, não consigo processar mais nada. Todo mundo demorava mais tempo, mas conseguia processar tudo. Por mais que me esforçasse, eu só conseguia absorver uma parte do conteúdo das aulas. Depois de um tempo, meu cérebro simplesmente parava de funcionar. E eu não conseguia estudar no dia seguinte também."

Sendo autista, vai ser comum você precisar seguir o exemplo de Henrik e encontrar o seu jeito de aprender, já que o sistema educacional é adaptado para o ensino de neurotípicos. Na maioria das universidades, é possível solicitar um plano educacional individual, o que significa que você vai estudar em ritmo mais lento que os demais. Só que essa pode não ser a melhor alternativa para você. Graças à nossa habilidade de focar completamente, muitos autistas conseguem processar muita informação em um curto período de tempo. Podemos estar à frente dos outros alunos, encontrando a agulha antes de notarmos o palheiro. Você vai precisar descobrir o que funciona melhor para você para escolher o melhor caminho educacional.

Quando Henrik começou a trabalhar, descobriu que sua forma de aprendizado funcionava muito melhor no ambiente de trabalho.

"No trabalho, eu preciso processar muita informação em pouco tempo, e é nisso que sou bom. Consigo absorver uma quantidade enorme de informação, assimilar rapidamente e até mesmo colocar tudo no papel. Lá eu consigo explorar meus pontos fortes. Os outros precisam de muito mais tempo."

O sistema educacional nos dias de hoje é diferente do que era quando eu estudei, nos anos 1980 e 1990. Muita coisa mudou na pedagogia e na maneira como vemos o conhecimento; sem contar que os professores, hoje em dia, usam outros métodos de ensino. Tentarei explicar.

No meu tempo, a escola era mais receptiva aos autistas. Era possível se preparar para uma prova sem precisar responder a perguntas sobre *como* chegou à resposta correta. Saber a informação era suficiente. Por isso, eu era boa aluna e tirava notas boas. Mas hoje, quando minha filha de oito anos está fazendo a tarefa de leitura e compreensão em casa, não basta ela identificar corretamente do que o texto fala. Ela precisa conseguir especificar se a resposta correta está "no texto, nas entrelinhas ou além do texto". Tivemos muita dificuldade com esse tipo de tarefa escolar. Nem eu — que sou adulta, escritora e tenho ensino superior — entendia o que estavam pedindo que ela fizesse. Mas hoje em dia se espera que as crianças em idade escolar saibam lidar com um nível elevado de abstração e sejam capazes de analisar criticamente.

Na minha época, a sala de aula era silenciosa e as apresentações orais não eram tão importantes. Mesmo que às vezes as coisas ficassem barulhentas, o objetivo era que o aprendizado fosse silencioso; que não existissem tantos grupos de projetos paralelos acontecendo ao mesmo tempo. Se você era tímido e tinha dificuldade para se apresentar socialmente, ainda assim poderia tirar notas boas.

Resumindo, os métodos de ensino hoje em dia não funcionam bem para estudantes autistas. Provavelmente não funcionam bem para nenhum aluno, com exceção dos poucos que são extrovertidos, maduros e confiantes; para os autistas, no entanto, eles são especialmente contraproducentes. Infelizmente a escola é um assunto para o qual você vai precisar encontrar as próprias estratégias de enfrentamento. Depois melhora, eu prometo.

DICAS SOBRE APRENDIZADO

Como aluno, você tem o direito de receber apoio e adaptações adicionais. Na Suécia, esse direito é garantido pelo Ato Educativo. Se você está na universidade, pode solicitar um tutor, ajuda para fazer anotações durante as aulas e prazos maiores para seus trabalhos e provas. Também pode se inscrever para receber auxílio financeiro do Conselho Sueco de Financiamento Estudantil para poder estudar meio período. Escolas vocacionais costumam ter educadores especialmente treinados. No entanto, cada país é diferente; por isso, procure saber quais recursos estão disponíveis para você.

Se as coisas não estão dando certo e você não está recebendo o auxílio de que precisa apesar de seus esforços, mude de escola. Quando a única opção é continuar em uma disputa inútil, que impacta negativamente todos os envolvidos, é melhor se retirar. Talvez pareça radical, mas convencer o corpo docente de uma escola que não tem conhecimento sobre o autismo pode ser muito difícil.

Para pais e guardiões: estejam preparados para se responsabilizar por parte da educação do seu filho. Pratique como agir em situações sociais e interações, ajude com as tarefas da escola e esteja sempre presente. Tente entender o comportamento do seu filho como uma resposta a alguma coisa. Se puder, diminua suas horas de trabalho. Não perca muito tempo brigando por adaptações; em vez disso, mude seu filho de escola se ele não estiver recebendo apoio. Paralelamente, tente aceitar que a situação pode nunca ser satisfatória. Nosso sistema educacional foi desenvolvido para crianças neurotípicas, e em alguns países, como na Suécia, estudar em casa não é permitido, o que cria uma situação complicada para muitas crianças autistas. Na pior das hipóteses, a escola vai ser algo que seu filho simplesmente terá que aguentar, com a sua ajuda. Na melhor das hipóteses, você vai encontrar uma equipe capacitada e dedicada.

Considere com cuidado quais profissões *não seriam* boas antes de se candidatar para uma universidade ou um emprego. Para os autistas, essa lista costuma incluir empregos que envolvam alto nível de estresse e de barulho, conhecer gente e lidar com o imprevisível. Nem perca seu tempo considerando essas áreas. Encontre uma profissão na qual você possa explorar seus pontos fortes. Precisa ser um local seguro, onde você seja aceito do jeito que é. O ideal é ganhar dinheiro com algum dos seus interesses especiais, embora isso possa ser difícil. Encontrar o lugar certo e as circunstâncias corretas vai levar tempo e exigir bastante esforço. Lembre-se de que é ilegal que os empregadores discriminem alguém por causa da sua deficiência.

Não espere muito apoio do governo. A sua vida é aqui e agora e não deve ser desperdiçada aguardando para falar com alguém por telefone. Você tem muito a oferecer ao mundo. Liberte-se das amarras da burocracia governamental se estiver preso a ela. Faça seus ajustes você mesmo, com a ajuda de amigos e familiares. É mais fácil falar do que fazer se você não tiver parentes compreensivos, mas tente se ajudar o máximo possível.

Não espere que programas sociais cuidarão de você. As estruturas sociais e o mercado de trabalho foram criados por neurotípicos para neurotípicos. Em vez disso, invista sua energia em encontrar o próprio nicho.

Ser autista custa caro. Você vai precisar de uma reserva de emergência ainda mais do que os seus amigos neurotípicos, já que talvez não consiga trabalhar tanto quanto eles. Como tudo na sociedade, existe, é claro, uma questão de classe social aqui. É muito mais fácil traçar o próprio caminho e ser independente se você tiver dinheiro.

MEDOS

Além do medo de morrer, os neurotípicos têm dois grandes medos: de perder o controle e de serem humilhados. Mais do que o sobrenatural, os fantasmas e os zumbis, eles temem as outras pessoas. Mais do que tudo, talvez, eles temem a si mesmos. No fundo, esse medo tem a ver com o temor de serem excluídos do grupo e de acabarem sozinhos. Para muitos, esse é o pior cenário possível.

Os filmes de terror sempre mostram isso. Até mesmo nos filmes repletos de monstros por todo lado, outro terror está nas sombras à espreita: o medo da loucura humana.

Muitas histórias de terror culminam na revelação de que a verdadeira ameaça vinha de dentro, do subconsciente. Em uma reviravolta comum, o protagonista imaginou tudo e está na verdade tendo alucinações. O monstro existia apenas na cabeça dele.

Mas será que isso é realmente tão assustador? Bom, não é para quem — assim como o autista — está acostumado a viver em uma realidade na qual os estímulos sensoriais o atingem com força total, outras pessoas se expressam e reagem de maneira incompreensível e suas experiências são questionadas e mal interpretadas.

As histórias de terror são baseadas em um medo meio exagerado de transtornos mentais. Para um autista, pelo menos, a instabilidade mental não é tão assustadora quanto pensar que fantasmas existem de verdade, como resquícios de maldades humanas que perduram por muito tempo depois de terem sido cometidas. Mas a origem desse medo vem do pavor profundamente incutido no neurotípico de ser excluído do grupo.

Mas do que os autistas têm medo? Temos medo de não saber o que vai acontecer: o que vem depois, o que está acontecendo, qual é o clima no lugar neste momento, como os outros vão reagir, o que eles vão falar? Será que eu consigo lidar com isso? Tem saída de emergência? Não dá para saber o que vamos encontrar virando a esquina.

Se você vive com a incerteza e a confusão causadas por um modo de funcionamento diferente, talvez pareça que tudo pode acontecer. O tempo todo você se prepara para ter sua percepção da realidade alterada ou para que alguém se oponha ao que você diz; você espera ser mal interpretado, interpretar mal e se sentir sobrecarregado por sons, luzes, cheiros e gostos. Esse é o medo que tentamos superar quando criamos rotinas e rituais, e quando fazemos as coisas do mesmo jeito toda vez. É por isso que não queremos que as coisas mudem, pelo menos não enquanto estamos em um ambiente neurotípico.

Não quero exagerar e sugerir que vivemos dentro de um filme de terror sem fim, mas acredito que a maioria dos autistas tem um relacionamento nada dramático com os cantos escuros de seu subconsciente. Se, por exemplo, você enxerga cores diferentes quando ouve notas musicais (isso se chama sinestesia e é mais comum em autistas), talvez um pesadelo ou uma alucinação não seja a coisa mais assustadora que consegue imaginar. Enlouquecer um pouco: por que deveríamos ter medo disso?

Casimir: "Eles têm pavor de coisas nojentas. Juro, nunca vi meus colegas de sala esvaziarem uma lixeira. Eles têm um medo estranho de ficar doentes. Acham que vão pegar uma doença grave e morrer se um pássaro fizer cocô em cima deles".

A BUSCA POR PORTOS SEGUROS

Então, os neurotípicos são capazes de mudar e praticar para serem mais autistas? Será que eles conseguem aprender a mascarar suas peculiaridades para nos dar um refresco? Sim, conseguem. O problema é que eles geralmente não têm incentivo para fazer isso porque são tantos que não precisam. Os neurotípicos que entendem o autismo quase sempre são aqueles que têm um autista na família.

Em certos aspectos, antigamente a sociedade era mais receptiva ao autismo. Era mais lenta, tinha menos estímulos e não impunha as mesmas exigências de flexibilidade, mudança constante e competência social. Por que isso mudou? Por causa de decisões políticas e avanços tecnológicos. A digitalização e a automatização significam que agora é esperado que as pessoas lidem sozinhas com aquilo que antes recebiam a ajuda dos outros para fazer.

Com a entrada das telas em nossas vidas, os espaços públicos se tornaram mais barulhentos e é mais difícil se proteger do barulho. Porém, ultimamente tem havido uma reação negativa. Cada vez mais pessoas estão se opondo a quem conversa em lugares que costumavam ser silenciosos, como as bibliotecas.

Mesmo assim, são poucas as companhias que começaram a considerar autistas e outros indivíduos hipersensíveis como possíveis grupos-alvo.

Nas cidades brasileiras de São Paulo e Rio de Janeiro, os autistas têm assentos preferenciais nos ônibus e no metrô. Junto dos símbolos para mulheres grávidas, usuários de cadeiras de rodas e pessoas idosas, há o símbolo do autismo. É assim desde o final de 2010, quando a lei foi alterada para incluir os autistas entre as pessoas com necessidades específicas em lugares públicos. Os motivos incluem acessibilidade, inclusão, integridade física e o direito dos cidadãos a usar o serviço público. As autoridades responsáveis pelas decisões queriam ajudar os autistas a se locomover com mais liberdade e, assim, promover sua independência. Em algumas lojas, os indivíduos autistas têm prioridade na fila do caixa.

Nos Estados Unidos e no Canadá, grandes lojas como a Target e a Sobeys criaram horários especiais que são "sensorialmente agradáveis", durante os quais as luzes são diminuídas, o número de clientes é limitado e a música nos alto-falantes é desligada. Nos Estados Unidos e no Brasil, existem parques de diversão preparados para receber famílias com crianças autistas. Também existem cruzeiros voltados para autistas.

Na Austrália, existe um aplicativo-piloto que auxilia os autistas no transporte público, oferecendo dicas sobre como lidar com a sobrecarga sensorial e sugerindo rotas alternativas e mais silenciosas para os usuários.

Na Suécia, não avançamos tanto assim. Houve um ano em que a operadora de trens estatal, SJ, deixou de ter "vagões silenciosos" porque os passageiros não respeitavam a regra e falavam alto mesmo assim. Em vez disso, criaram uma opção de "segunda classe tranquila", um vagão no qual as conversas são permitidas, mas precisam ser em voz baixa, explicou o assessor de imprensa Tobbe Lundell para o jornal local *Göteborgs-Posten*: "Se você estiver conversando, precisa se inclinar para ouvir o que a outra pessoa está dizendo".

Estocolmo criou um projeto chamado "Guia para o Silêncio", que oferece dicas de lugares silenciosos na cidade. E, quando a artista pop internacional Zara Larsson declarou em um vídeo do TikTok que deveria ser permitido que as pessoas conversassem no cinema, ela foi

PERIGO
Sim
Não
POR AQUI
Compre
NÃO,
POR ALI
NÃO
VITÓRIA

muito criticada. A maioria das pessoas se mostrou a favor do silêncio no cinema, um dos poucos espaços onde ele ainda existe.

Contudo, alguns neurotípicos que participaram desse debate tiveram dificuldade para entender por que conversar incomoda aqueles que prezam o silêncio. Eles não conseguiam simpatizar com a hipersensibilidade sensorial e a necessidade de se sentir completamente absorvido por um filme; não conseguiam conceber que existem pessoas que não são capazes de ignorar os sons ao fundo e deixam de aproveitar o filme se os outros estiverem conversando.

Em vez disso, essas pessoas consideraram os advogados do silêncio "elitistas" e os acusaram de cultivar o "desprezo" pelos seus semelhantes, e também de terem outros traços desagradáveis. Curiosamente, aqueles que defendem o silêncio e o respeito para com os demais podem ser considerados opressores.

Algumas vezes por ano, no entanto, todos os neurotípicos se tornam um pouco mais autistas. Isso acontece durante feriados e celebrações religiosas. De repente, tudo precisa ser feito exatamente como antes, seguindo uma rotina rigorosa. Nada pode mudar. A comida precisa ser a mesma da última celebração do Eid; no Natal, os mesmos gnomos de lã precisam ser pendurados nos mesmos lugares pela casa e os mesmos programas de televisão precisam ser vistos no mesmo horário. A mesma música do ano passado deve ser tocada, e as mesmas pessoas devem ser convidadas. Até as conversas e os comentários costumam ser os mesmos, como se tivessem sido roteirizados.

Se você for um judeu praticante, por exemplo, as velas precisam ser acesas a partir de determinado lado do Menorá de Hanukkah, e você precisa segurar o cálice com o qual lava as mãos com a mão esquerda, e não com a direita. Durante o Shabat, você só deve descansar e ler; não deve acender nem apagar nenhuma lâmpada, usar o fogão ou o forno, carregar chaves, apertar botões, andar de elevador, de bicicleta, a cavalo ou usar dispositivos eletrônicos.

Durante os feriados e celebrações religiosos, os neurotípicos deixam de lado suas demandas de sempre por renovação. Seguir as regras corretamente se torna o principal objetivo. Tudo precisa ser feito igual à última vez. Nada deve mudar.

Por outro lado, poderíamos interpretar a obrigação de celebrar datas comemorativas como algo essencialmente neurotípico. Algumas vezes por ano, todos os NTs precisam fazer a mesma coisa ao mesmo tempo para provar que pertencem à mesma comunidade.

Casimir está terminando o ensino médio e foi diagnosticado com autismo quando tinha quatro anos. Ele não gosta de multidões nem de ter muita gente ao seu redor. Quando anda de ônibus ou vai ao cinema ou ao teatro, não gosta de se sentar perto de quem não conhece. Casimir frequenta uma escola de música e toca órgão. Com doze anos era capaz de tocar o mesmo repertório exigido de quem fazia audição para entrar na Royal College of Music de Estocolmo.

Nos fins de semana, ele toca órgão quatro horas por dia. Em dias de semana, depois da escola, ele pratica por cerca de uma hora. Atualmente toca quase exclusivamente Bach. Sua peça favorita era *Fantasia e Fuga em sol menor*, mas já tocou tantas vezes que enjoou dela.

Quando Casimir escuta música, enxerga padrões e cores. Ele também escuta todas as outras partes, o que é prático quando se toca órgão.

"Não consigo descrever, mas imagino que seja basicamente como os seus pensamentos seriam se você nascesse cego. Você só tem a audição e o tato. Eu não vejo cores quando toco notas diferentes. Na minha cabeça, o que vem é um sentimento associado a elas. Não consigo descrever. Eu penso em outras coisas enquanto estou tocando. Eu desligo; acontece automaticamente."

Na escola de Casimir existem muitos alunos com transtornos do neurodesenvolvimento.

"É um ambiente único", diz a mãe de Casimir, **Åsa**. "São tantos alunos com transtornos do neurodesenvolvimento que boa parte da escola é adaptada para eles; eles são o padrão. Os instrumentos deles são seus interesses especiais, e aqueles que têm habilidades nesses instrumentos ganham status e destaque."

COMPORTAMENTOS NEUROTÍPICOS CONSIDERADOS “NORMAIS”

- Não ter interesses especiais e se interessar superficialmente por um pouco de tudo.
- Fazer vários intervalos e ficar mudando de tarefa enquanto trabalha em um projeto importante que exige foco.
- Enfrentar situações novas sem se preparar com o que vai encontrar.
- Nunca fazer planos definitivos, e “deixar as coisas em aberto” até o último instante.
- Alterar programações de última hora.
- Responder a perguntas complexas prontamente, sem pensar primeiro no que vai dizer.
- Pesquisar por alto antes de tomar decisões importantes.
- Não questionar regras nem autoridades e seguir cegamente a vontade do grupo.
- Não intervir quando alguém sofre uma injustiça porque “não quer se envolver”.
- Dizer o contrário do que queria dizer sem ser por ironia.
- Bajular uma pessoa e depois falar mal dela pelas costas.

O CAMINHO PARA A PAZ DE ESPÍRITO

Viver em um mundo neurotípico é difícil. Se você tentar suprimir seu autismo e competir nos termos deles, sinto muito em lhe informar: você vai perder. Pode parecer cruel, mas é a verdade.

Para sobreviver sendo autista em uma sociedade neurotípica, você precisa aprender a diferenciar o que é importante daquilo que não é. O mundo neurotípico pode tentar convencê-lo de que é importante suportar tudo do mesmo jeito, mas não é assim.

Para os autistas, é essencial aprender a conservar a própria energia. A maneira mais fácil de fazer isso é diminuindo a intensidade. Simplifique sua vida. Faça menos coisas e diga "não". Trabalhe *junto com* o seu autismo em vez de contra ele. Diminua seu nível de estresse. Construa uma existência previsível.

Resumindo, posso lhe dizer que dormir, amar, proteger o seu bem-estar e encontrar o trabalho certo são coisas importantes. Uma dieta variada, ter vários amigos, a limpeza e uma higiene rígida não são.

Se você se sente ansioso ou deprimido, em hipótese alguma deve se automedicar. Se precisar fazer terapia e tiver condições, dedique tempo para encontrar um bom terapeuta. Não escolha o primeiro que encontrar nem recorra a um aplicativo de terapia.

Mas não dá para ter certeza de que a terapia vai ajudá-lo. Depende de como ela é desenvolvida. Eu diria que é essencial escolher um terapeuta familiarizado com o autismo, mesmo que você esteja buscando ajuda para questões como depressão ou ansiedade. Um psicólogo que não está familiarizado com o autismo não vai te entender, e você corre o risco de ser mal interpretado ou de receber um tratamento que não funciona para o seu caso.

Alguns psicólogos têm dificuldade para tratar clientes com autismo. Eles não estão dispostos a aceitar que o autismo tem causas biológicas e não resulta de traumas da infância, além de não ser curado por meio da terapia. Alguns tendem a banalizar e a ignorar diagnósticos de autismo, e isso não vai ajudar você. Sua terapia não pode ser baseada na ideia de que não existe uma diferença fundamental entre autistas e neurotípicos.

A terapia também não vai te ajudar se o seu objetivo for se tornar mais neurotípico, mascarando o seu autismo. Pelo contrário, o resultado vai ser devastador. É como submeter pessoas homossexuais a terapias de conversão ou proibir indivíduos transgêneros de corrigir seu gênero. Você merece ser quem é. Uma adaptação moderada e estratégica é suficiente. É questão de aprender quando e o quanto você precisa se adaptar ou não. Tente encontrar um neurotípico de confiança que possa te ajudar quando precisar.

Mascarar não é o caminho para a paz de espírito. A verdadeira paz vem de dentro e não pode ser medida por outra pessoa. Tudo o que você tem a oferecer para o mundo já está nas profundezas da sua alma. Não tem nada a ver com os truques sociais superficiais que você aprende.

Por mais desencorajador que possa parecer, a coisa não fica mais fácil. Não importa o quanto você seja habilidoso em jogar o jogo neurotípico ou se você treina até ganhar o primeiro lugar em competência e habilidade social. Não deixa de ser difícil só porque você sabe fazer.

Você pode aprender a sorrir de forma convincente, mas a farsa continuará soando como raspar um garfo em um prato de porcelana. Como eu sei disso? Porque pratiquei por 47 anos, e não ficou mais fácil com o tempo; ficou foi mais difícil. Nós autistas precisamos ter o direito de ser quem somos.

Por isso, o meu conselho é que você encontre sua autoestima sendo *mais* autista, e não o contrário. Não fuja de si mesmo tentando ser alguém que não é. Você não é uma pessoa que precisa ser curada ou um espécime humano com problemas que precisa ser melhorado. Sua prioridade absoluta deve ser a sua saúde mental. E a lista de coisas realmente necessárias é muito menor do que você imagina.

OUTRAS COISAS QUE SÃO BOAS PARA O SEU BEM-ESTAR:

Se puder se exercitar, ande! Andar alivia a ansiedade.

Encontre o seu templo. Pode ser um templo religioso, se você acredita em Deus, ou outro lugar repleto de paz e tranquilidade ao qual possa ir.

Invista em bons fones com cancelamento de ruído, abafadores de ruídos e óculos de sol confortáveis.

Não deixe de fazer estereotipias. Aceite suas características autistas.

Perdoe os neurotípicos. A maioria deles está fazendo o melhor que pode. Eles não sabem muita coisa sobre o autismo e vão precisar de tempo para aprender se não tiverem experiência. Autismo é complicado.

QUIZ: QUÃO NEUROTÍPICO VOCÊ É?

1. **Se a pessoa com quem está conversando não olha nos seus olhos, você se sente:**
   A. Irritado e excluído. Que pessoa sem educação!
   B. Incomodado. Por que ela não me olha nos olhos?
   C. Não me afeta. Presto atenção no que ela está dizendo e nem penso em contato visual.

2. **Você e um amigo vão sair para comer uma pizza. Cinco minutos antes do encontro, seu amigo manda uma mensagem sugerindo outro restaurante. Como você reage?**
   A. Boa ideia, não ligo de mudar os planos. Não estava com muita vontade de comer pizza mesmo.
   B. Tanto faz. Não ligo para o que a gente vai comer. O mais importante é a gente se encontrar.
   C. Fico sem ar e o meu corpo inteiro grita: NÃO! Combinamos comer pizza! Agora preciso voltar à estaca zero. Como eu chego a esse lugar?

3. **Seu amigo lhe mostra uma calça nova e pergunta o que você acha. "Seja sincero", ele pede. A calça não é bonita. O que você diz?**
   A. Linda! Pode comprar.
   B. Não faz meu estilo, mas fica bem em você.
   C. Sendo bem sincero, não vestiu bem, e não gostei da cor.

4. **Em uma reunião da escola, a professora pergunta a opinião dos alunos sobre o ambiente da sala de aula. Na sua opinião, várias coisas não estão funcionando direito. O que você faz?**

A. Penso que, estrategicamente, é mais inteligente guardar minhas críticas para outro momento, porque a professora não vai gostar que eu as faça na frente de todo mundo. Digo que está tudo ótimo e que não tenho nenhuma objeção.
B. Fico em silêncio porque não quero me envolver e correr o risco de desagradar a professora antes das avaliações. As pessoas falam que as críticas são bem-vindas, mas isso não quer dizer que serão bem recebidas.
C. Meu cérebro fica repleto de sugestões de melhoria. Para não esquecê-las, falo logo tudo que estou pensando, interrompendo sem querer um colega e esquecendo de levantar a mão e esperar a minha vez de falar. Na ansiedade de abordar todas as soluções propostas sem tomar muito tempo, minha fala é rápida e concisa.

5. Seu perfume ou desodorante favorito vai sair de linha. O que você faz?
A. Não tenho um favorito. Estou sempre trocando de marca e gosto de testar novos produtos. É bom variar.
B. Acho uma pena, porque era um bom produto, mas simplesmente procuro um equivalente e não penso mais nisso.
C. Procuro em lojas de todo o país em busca de unidades ainda disponíveis, incluo meus entes queridos na missão, mando um e-mail para o fabricante e imploro que o produto volte a ser comercializado. Vasculho a internet e choro de alegria quando encontro uma loja alemã on-line cujo frete custa uma fortuna, encomendo todo o estoque restante e nunca abro o último frasco porque, se o fizer, será realmente o fim do produto.

6. Qual é primeira coisa que você faz quando compra uma roupa nova?
A. Experimento e me olho no espelho para ver se ela veste bem e fica tão boa quanto na foto do site. Tiro uma foto e mando para um amigo pedindo a opinião dele.

B. Guardo a roupa no armário enquanto decido se vou ficar com ela ou não.
C. Experimento para saber qual é a sensação do tecido na minha pele. Depois corto todas as etiquetas que coçam e irritam a pele.

7. Você está fazendo um trabalho com um amigo que lhe manda por e-mail a bibliografia selecionada por ele. Tudo está escrito corretamente, sem nenhum erro. Como você reage?
A. Fica aliviado por ele ter feito a parte mais chata; você se livrou.
B. Copia a lista para o arquivo, sem conferir com atenção.
C. Fica em êxtase quando vê a perfeição dessa lista.

8. Durante um passeio, você nota um arbusto, um anúncio e uma blusa no mesmo tom de verde. Como você reage?
A. Hein? Qual o sentido de ficar prestando atenção na cor das coisas?
B. Só começo a pensar nisso depois que um amigo menciona. Mas é legal, eu acho.
C. Acho incrível! Adoro identificar padrões e detalhes ao meu redor que combinam perfeitamente.

9. Você está no ônibus e os passageiros próximos a você estão bebendo, comendo e fazendo barulho, e também ficam fungando. Como você reage?
A. Não reparo porque estou falando alto com um amigo por chamada de vídeo sem fones de ouvido.
B. Fico desconfortável e mudo de lugar durante o trajeto para tentar fugir do barulho.
C. Uso fones e abafadores de ruído, então, por sorte, não escuto nada. Além disso, geralmente eu fico em pé no ônibus porque não gosto de me sentar perto de pessoas que não conheço.

10. Com que frequência você limpa o seu espaço?

A. De vez em quando, passando aspirador de pó quando necessário. Não sou nem meticuloso nem desleixado.

B. Gosto do meu espaço limpo e organizado. Odeio sujeira e estou sempre pensando em maneiras de eliminar bactérias invisíveis.

C. Limpeza? Às vezes, quando alguém vai entrar no meu quarto, eu pego os bichos de pelúcia empoeirados e jogo no lixo.

Se você marcou mais A:

Mais neurotípico que você, impossível. Você adora bater papo com seu cabeleireiro e se sente energizado depois de fazer interações sociais breves com pessoas novas. Quando alguém te manda uma mensagem de texto, você prefere ligar para responder; é muito demorado e pouco prático ficar trocando mensagens. Você não tem um hobby específico, mas gosta de estar com outras pessoas porque acha divertido fazer coisas em grupo. Sente dificuldade quando está perto de pessoas que não entendem suas piadas e não conseguem acompanhar seu ritmo.

Se você marcou mais B:

Você tem vários traços neurotípicos e é uma pessoa introvertida e sensível. Você tem a mente aberta e facilidade de ter empatia pelos sentimentos dos outros.

Se você marcou mais C:

Você provavelmente já foi diagnosticado com autismo. Se não tiver sido, procure imediatamente a clínica de avaliação de neurodesenvolvimento mais próxima.

FONTES DE INSPIRAÇÃO E FATOS

ABELSON, Abel. *How to Handle Neurotypicals: a field survival guide for the neurodivergent*. 2020.

COOK, Jennifer. *The Asperkid's Secret Book of Social Rules*. Londres: Jessica Kingsley Publishers, 2022.

FORD, Ian (Ford, Star). *A Field Guide to Earthlings: an autistic/Asperger view of neurotypical behavior*. Albuquerque: Ian Ford Software Corporation, 2010.

MEHRABIAN, Albert. *Nonverbal Communication*. Londres: Routledge, 2007.

MORTON, Clay; MORTON, Gail. *Why Johnny Doesn't Flap: NT is ok!*. Londres: Jessica Kingsley Publishers, 2015.

PRICE, Devon. *Unmasking Autism*. Londres: Harmony Books, 2022.

SÖRNGÅRD, Katarina A. *Autismhandboken* ("The Autism Handbook"). Estocolmo: Natur & Kultur Läromedel, 2018.

VANCE, Terra. *Allism Spectrum Disorders: a parody*. Disponível em: psychcentral.com/blog/aspie/2018/09/allism-spectrum-disorders-a-parody#Allism. Acesso em: 28 fev. 2025.

KRAEMER, Ira. Neurotypicals: listen to our words, not our tone. *Autistic Science Person*. 2021. Disponível em: https://

autisticscienceperson.com/2021/01/09/neurotypicals-listen-to-our-words-not-our-tone. Acesso em: 28 fev. 2025.

YALE MEDICINE MAGAZINE. In Autism Study, It's All About the Eyes. *Yale Medicine Magazine.* 2003. Disponível em: medicine.yale.edu/news/yale-medicine-magazine/article/in-autism-study-its-all-about-the-eyes. Acesso em: 28 fev. 2025.

SUA OPINIÃO É MUITO IMPORTANTE

Mande um e-mail para **opiniao@vreditoras.com.br**
com o título deste livro no campo "Assunto".

1ª edição, set. 2025

FONTES Klin Sans Regular 23pt/15pt;
Adobe Garamond Pro Regular 12pt;
Adobe Garamond Pro Bold 12pt;
Adobe Garamond Pro Italic 12pt;
PAPEL Polen Bold 70g/m
IMPRESSÃO Gráfica Santa Marta
LOTE GSM030725